# Freud n'est pas votre ami

Lucia Canovi

# Freud n'est pas votre ami

*Secrets et dangers*
*de la psychanalyse*

# AVANT-PROPOS

À première vue, la psychiatrie médicamenteuse et la psychanalyse présentent un contraste frappant : autant la première est froide et impersonnelle, autant la seconde est intime, romantique, mystérieuse.

Ce contraste est accentué par les polémiques qui opposent les deux camps : dans des articles, des tribunes et des livres, psychanalystes et psychiatres procachets se chamaillent ; quand ils ne se crêpent pas le chignon, c'est qu'ils n'ont pas de chignon.

Tout ceci fait que le divan apparaît comme la principale, voire la seule, alternative aux antidépresseurs. La psychanalyse est l'autre choix, la route numéro deux, celle où s'engouffrent ceux qui ne veulent pas ou ne veulent plus des petits cachets. Mais cette route, où mène-t-elle ?

Pas où la plupart des gens le supposent.

Préparez-vous à découvrir la face cachée et les effets secrets de la plus célèbre des thérapies. Et par la même occasion, la vérité sur son fondateur, le ténébreux docteur Sigmund Freud.

# 1. LA DÉPRESSION VUE PAR LA PSYCHANALYSE

*Est-ce un si grand mal
d'être entendu quand on parle,
et de parler comme tout le monde ?*
La Bruyère

Que dit la psychanalyse de la dépression ?

La question est d'importance, car découvrir le point de vue de la psychanalyse sur la dépression devrait, logiquement, enrichir et approfondir notre compréhension du phénomène et nous ouvrir à de nouvelles perspectives.

Alors, que dit la psychanalyse du mal-être, du découragement et de la tristesse ?

Telle est la question à laquelle nous allons essayer de répondre dans ce chapitre. (J'ai bien dit *essayer.*)

Vous êtes prêt ? À l'attaque !

## Structure nosographique

L'article dépression (psychanalyse) de Wikipédia sera notre point de départ.

Voici ce que, de but en blanc ou presque, le lecteur découvre :

« La dépression n'est pas structure nosographique. »

Comme c'est intéressant.

Mais... minute, papillon ! Quel est le sens de cette phrase ?

Consultons le dictionnaire : il est fait pour ça.

*Nosographique* signifie « relatif à la classification des maladies », et une structure est « l'agencement, entre eux, des éléments constitutifs d'un ensemble construit ». Donc...

Donc...

Rien.

En effet la combinaison de ces deux définitions n'éclaire pas le sens de la phrase. « La dépression n'est pas un agencement relatif à la classification des maladies » n'est pas plus compréhensible que « La dépression n'est pas structure

7

nosographique ».

À moins que l'auteur de l'article n'ait voulu dire que la dépression n'est pas une maladie, mais qu'il ait préféré crypter cette idée trop claire au cas où elle tomberait sous les yeux de l'ennemi (comme dans le *Da Vinci Code*) ?

Mais est-ce bien le sens de cette phrase, et d'ailleurs, quel ennemi ?

Mystère et boule de gomme.

## Fantasme troué et effet économique

Un peu plus loin dans le même article, nous apprenons que :

« le névrosé, même dans l'actuel, souffre d'un désir qui fait face à l'interdit (voire qui découle de cette prohibition) »

Tandis que :

« le déprimé ne soutient plus un tel désir, son fantasme (car il y a encore fantasme) est troué. »

Je ne sais pas vous, mais moi, ça m'étonne. Je connaissais déjà l'existence des chaussettes trouées, du gruyère troué, des couches d'ozone trouées... Mais les fantasmes troués, je n'en avais jamais entendu parler. L'auteur de l'article ne dit pas comment il faut s'y prendre pour repriser un fantasme troué, dommage. Au lieu de cela, il continue de cette manière :

« Néanmoins, la dépression s'entend comme effet économique de la frustration. »

Je cite tout le paragraphe, pour que vous en preniez une vue d'ensemble :

« Le névrosé, même dans l'actuel, souffre d'un désir qui fait face à l'interdit (voire qui découle de cette prohibition). Le déprimé ne soutient plus un tel désir, son fantasme (car il y a encore fantasme) est troué. Néanmoins, la dépression s'entend comme effet économique de la frustration. »

Si vous trouvez que ces considérations sur le névrosé et le déprimé ne sont pas d'une clarté cristalline, vous n'êtes pas le seul.

Je vous avoue très franchement que la logique sous-jacente à ce paragraphe m'échappe.

Est-ce en raison de « l'effet économique » que le déprimé ne peut pas repriser son fantasme ou s'en acheter un neuf ? Est-ce parce qu'il ne gagne même pas le S.M.I.C. ? Mais il ne faut pas oublier la frustration, qui joue aussi un rôle dans cette histoire. Le névrosé souffre d'un désir qui fait face à l'interdit, tandis que le déprimé ne soutient plus un tel désir... Il est juste frustré.

Frustré, d'accord, mais frustré par quoi ?

Par l'impossibilité où il est de réaliser son fantasme ?

Ou par le trou dans son fantasme, qui lui fait honte, car il se sent mal à l'aise de se montrer en public avec un fantasme troué ?

Ou frustré de ne rien comprendre à ce qu'on dit de lui ?

Le désir est interdit, mais aucune hypothèse ne l'est...

Il faut aussi prendre en compte le « néanmoins » : le fantasme du déprimé est troué, *néanmoins* la dépression s'entend comme effet économique. Vous ne saisissez pas très bien l'articulation logique, la nature de l'opposition entre ces deux propositions ?... Alors voici d'autres exemples qui devraient éclairer votre lanterne : Paul a deux têtes, *néanmoins* Jean-Pierre est chiropracteur. Gudule aime le camembert, *néanmoins* Sophie est unijambiste. Il fait remarquablement beau, *néanmoins* les oursins ont un effet économique.

Ce n'est pas plus clair ?

On pourrait en conclure sans autre forme de procès que les psychanalystes délirent, ou du moins que Wikipedia raconte n'importe quoi, mais ne nous pressons pas : il ne faudrait pas jeter le bébé avec l'eau du bain.

## Le déni de la dénégation

Puisque l'article de Wikipédia ne permet pas de saisir le point de vue psychanalytique sur la dépression, tournons-nous vers une autre source : Julia Kristeva, une psychanalyste connue et reconnue. Son livre, *Soleil noir, dépression et mélancolie,* est

9

considéré comme un classique. Peut-être qu'en nous y plongeant, nous pourrons y voir plus clair ?

Raté.

Je ne vais pas vous résumer le livre, soit parce que je n'en suis pas capable, soit parce qu'il est irrésumable. En voici juste un échantillon représentatif :

> « Le discours déprimé, bâti de signes absurdes, de séquences ralenties, disloquées, arrêtées, traduit l'effondrement du sens dans l'innommable où il s'abîme, inaccessible et délicieux, au profit de la valeur affective rivée à la Chose. Le déni de la dénégation prive les signifiants langagiers de leur fonction de faire sens pour le sujet. Tout en ayant une signification en soi, ces signifiants sont ressentis comme vides par le sujet. Cela est dû au fait qu'ils ne sont pas liés aux traces sémiotiques (représentants pulsionnels et représentations d'affects). Il s'ensuit que, laissées libres, ces inscriptions psychiques archaïques peuvent être utilisées dans l'identification projective comme des quasi-objets. »

Impressionnant. Mais au-delà de l'effet révérenciel qu'un tel texte produit immanquablement sur son lecteur, qu'est-ce que ça signifie exactement ? Ou même, qu'est-ce que ça signifie *vaguement* ? Vaguement, ce serait déjà bien beau...

Pourquoi le sens du discours déprimé est-il délicieux, et pour qui l'est-il ?

Quelle est cette Chose majuscule à laquelle la valeur affective se cramponne ?

Qu'est-ce qu'un « déni de la dénégation » ? Est-ce une affirmation, deux moins faisant un plus ? Ou un déni tout bête, sachant qu'on ne peut dénier sans dénier en même temps qu'on dénie ?

Et d'ailleurs, dénégation *de quoi* ?

Et au fait, que sont des « traces sémiotiques » ?

Des « représentants pulsionnels » ?

Identification de qui, à qui ou à quoi ?

Comment peut-on utiliser des « signifiants » comme des « quasi-objets » ?

Et d'ailleurs, qu'est-ce qu'un *quasi-objet* ? Est-ce un objet qui n'est qu'à moitié un objet ? Mais dans ce cas, quelle moitié ?

Le contexte ne permet pas de trancher. Certes, la mystérieuse notion de « déni de la dénégation » est expliquée un peu plus loin, mais il en va de cette explication comme il en va du reste : elle aurait grand besoin d'être expliquée elle-même.

Le mystère qui devait se dissiper s'épaissit... Sur les considérations déjà obscures de l'article de Wikipedia, les propos de J. Kristeva passent une couche supplémentaire de peinture noire.

Que dit la psychanalyse de la dépression ?

Je vous ai dit que nous allions essayer de répondre à cette question.

Nous avons essayé.

---

## À retenir

• Les psychanalystes n'expliquent pas la dépression, ils la compliquent. Leurs écrits font la lumière sur la dépression dans les mêmes proportions que les énigmes de Nostradamus donnent la date exacte de la fin du monde.

## Conseil

▶ Ne faites pas comme moi dans ce chapitre. Quand vous vous retrouvez perdu dans un labyrinthe de mots, ne cherchez pas le quoi du qui ou le pourquoi du comment : contentez-vous de chercher la sortie. Vous gagnerez du temps, et le temps c'est la vie.

## 2. DES CHARLATANS CRÉPUSCULAIRES

J'espère que vous en conviendrez : quand ils parlent de dépression, les psychanalystes ne font pas preuve d'une limpidité d'eau de roche. Sont-ils plus clairs quand ils parlent d'autre chose ?

### Nuit et brouillard

Pour répondre à cette question, tournons-nous vers Serge Leclaire, psychanalyste au nom prometteur : si Leclaire n'est pas clair, alors c'est vraiment que toute la psychanalyse part en sucette. Voici ce que dit Leclaire à propos de l'inconscient :

> « L'inconscient ou l'ordre de la lettre n'est rien d'autre que le développement et la diversification de cette structure nucléaire où l'élément littéral apparaît corrélatif de l'oscillation subjective autour de l'annulation de la jouissance, et corrélatif, du même coup, de ce complément négatif du rien qu'est l'objet. En somme, trois fonctions corrélatives composent le noyau élémentaire de l'inconscient : l'objet comme fonction stable, le sujet comme fonction de communication alternante, et enfin la lettre comme fonction thétique. »

Peut-être que vous comprenez, mais permettez-moi d'en douter très fort. Moi je ne comprends pas, et je sens bien que même si on m'expliquait longtemps, très longtemps, je ne comprendrais toujours pas... À vrai dire, je n'ai même pas *envie* d'essayer de comprendre !

Je vous le dis tout cru : Serge Leclaire n'est qu'un exemple parmi tant d'autres.

Maçons nocturnes, les psychanalystes construisent des murs de ténèbres avec les briques de mots opaques. Tisserands du vague et de l'inaccessible, ils trament les toiles arachnéennes de textes indéchiffrables. Poulpes des profondeurs, ils s'abîment voluptueusement dans l'insondable, l'indicible, l'innommable et l'impensable, en laissant derrière eux un nuage d'encre qui se dilue dans un océan de significations nébuleuses, telle une ultime « trace sémiotique » qu'un pied laisse sur une plage de sable fin et que le vent efface...

## Trois hypothèses

Nous pourrions nous casser la tête pour trouvait un sens aux propos de Leclaire, mais quand bien même nous y parviendrions, ce serait le sens que nous y avons mis et pas celui qui y était peut-être d'origine. Au lieu de nous livrer à cet exercice illusoire, posons-nous naïvement la question : pourquoi les psychanalystes sont-ils si hermétiques ?

Pourquoi a-t-on tant de mal à les comprendre ?

Première hypothèse : leur pensée est trop sophistiquée pour être exprimée dans un langage intelligible par tous. En d'autres termes, ils sont trop géniaux pour être compris par le commun des mortels (nous).

Deuxième hypothèse : l'obscurité des œuvres psychanalytiques reflète la confusion mentale de leurs auteurs. Vous n'aviez peut-être pas pensé à cette hypothèse, mais elle est loin d'être absurde. D'après le poète et critique Nicolas Boileau (1636-1711), surnommé « le législateur du Parnasse », comme d'après la plupart des classiques, *ce qui se conçoit bien s'énonce clairement.* Selon les classiques, lorsque les lecteurs ne comprennent rien à un livre ou un discours, c'est bien souvent parce que l'auteur lui-même ne savait pas ce qu'il voulait dire. Une pensée obscure serait une pensée inachevée, une pensée qui témoignerait du chaos régnant dans l'esprit de celui qui l'a conçue.

Troisième hypothèse : les psychanalystes économisent leur énergie et leurs neurones. Marmonner des phrases incompréhensibles en oubliant que le langage est avant tout un moyen de communication n'est pas fatigant. Faire dans l'abscons, le brumeux et l'inextricable n'est pas plus difficile que de faire un jardin de ronces... Il suffit de laisser pousser.

On le sait quand on a essayé les deux routes : autant il est aisé de juxtaposer des énoncés abstraits, vagues et obscurs, autant il est ardu d'élaborer une pensée claire, rationnelle et convaincante en un tout cohérent. Entre ces deux manières d'écrire, il y a une énorme différence. Le même genre de différence qui sépare un enfant enfilant des perles multicolores au hasard et un architecte travaillant au plan d'un gratte-ciel.

Mais il y a une quatrième hypothèse.

Il se pourrait que les psychanalystes soient délibérément obscurs... que leur hermétisme soit un calcul, une stratégie.

## Bla-bla-bla ?

À ce propos, le point de vue de Jacques Rillaer, ex-psychanalyste, est digne de considération :

> « La sorcellerie jargonnesque joue un rôle essentiel dans toutes les écoles de Psychanalyse. »

> « À l'instar des médecins de Molière qui dissimulent leur impuissance sous des mots latins, les psychanalystes masquent la pauvreté de leurs théories par un langage ésotérique. »

Le philosophe Mikkel Borch-Jacobsen va dans le même sens :

> « La psychanalyse n'existe pas – c'est une nébuleuse sans consistance... une théorie vide ».

Un autre philosophe, François George, est arrivé à une conclusion similaire :

> « Le ressort de la psychanalyse, c'est le bluff. »

Les discours obscurs des psychanalystes seraient-ils « une abondance de paroles pauvres de sens, une suite d'énoncés creux et verbeux destinés à éblouir l'esprit critique et à endormir la vigilance »... autrement dit, du bla-bla-bla ?

## Salade de mots

Il y a au moins un psychanalyste dont on peut être sûr qu'il parlait pour ne rien dire. Vous avez peut-être déjà entendu parler de lui. C'est Jacques Lacan (1901-1981). Cet homme, que l'on considère comme « le pape » de la psychanalyse française, avait l'art et la manière d'écrire d'une manière aussi éblouissante qu'incompréhensible. Voici quelques échantillons de sa prose sibylline :

> « L'interprétation doit être preste pour satisfaire à l'entreprêt. De ce qui perdure de perte pure à ce qui ne parie que du père au pire. »

> « Du *sym* qui ptôme au *sym* qui bole, qu'est-ce que ça peut bien faire au bosum d'Abraham, où le tout-pourri se retrouvera en sa nature de bonneriche pour l'étournité ? »

> « Ptom, p'titom, p'tibonhomme vit encore, dans la langue qui s'est crue obligée, entre autres langues, de ptômer la chose coïncidente. Car c'est ce que ça veut dire. »

Inutile de faire chauffer vos neurones dans l'espoir de décrypter le sens de ces énoncés énigmatiques. Ce n'est pas vous qui êtes dur de la comprenette, mais Lacan qui mélange avec maestria la salade de mots russe qui l'a rendu célèbre. D'après Jacques Bénesteau :

> « L'hermétisme lacanien était une méthode de manipulation des adorateurs captifs, maintenus dans l'attente d'une illumination, ou de la solution future d'un profond mystère. [...] Le mystère est qu'il n'y a pas de mystère, et aucune révélation n'advint, car il n'y avait rien à révéler. »

Ce qui est étonnant et même choquant, c'est que Lacan a confessé l'inconsistance de son verbiage : il a défini le psychanalyste (autrement dit lui-même) comme « un rhéteur » et la psychanalyse comme « un délire scientifique » et une « pratique de bavardage »... rien de moins et rien de plus. À propos de son métier, Lacan fait preuve d'une franchise qui va jusqu'au cynisme :

> « Notre pratique est une escroquerie, bluffer, faire ciller les gens, les éblouir avec des mots qui sont du chiqué, c'est quand même ce qu'on appelle d'habitude du chiqué. »

La suite de l'aveu est encore plus renversante :

> « Du point de vue éthique, c'est intenable notre profession ; c'est bien d'ailleurs pour ça que j'en suis malade, parce que j'ai un surmoi comme tout le monde. »

En d'autres termes, Lacan se sentait coupable de rouler ses disciples et clients dans la farine. Sa conscience, rebaptisée « Surmoi », le gênait aux entournures. Elle le rendait même « malade ». Et pourtant, poussé par l'appât du gain et l'amour du pouvoir, il continuait...

## De l'intérêt d'être obscur

La vérité n'ayant rien à cacher, elle aime le soleil, mais les prestidigitateurs lui préfèrent la pénombre. Pour donner l'illusion que le lapin sort vraiment d'un chapeau vide, mieux vaut un éclairage tamisé, indirect. Le clair-obscur est propice aux tours de passe-passe.

Pour les charlatans intellectuels comme pour les prestidigitateurs, le crépuscule présente plusieurs avantages.

Primo, l'obscurité permet aux esbroufeurs et autres escrocs de l'esprit de se rendre inaccessibles aux objections. Un énoncé clair prête le flanc à la critique ; un énoncé fumeux est quasiment inattaquable. Comparons par exemple :

> *« La dépression n'est pas une maladie. »*

Et :

> *« La dépression n'est pas structure nosologique. »*

N'importe qui peut être en désaccord avec la première phrase, mais pour désapprouver la seconde, il faudrait commencer par être sûr de son sens, et comment en être sûr ? Une manière entortillée et mystérieuse de dire les choses est l'équivalent du nuage d'encre derrière lequel le poulpe dissimule sa fuite. L'obscurité où tant de psychanalystes se complaisent les rend insaisissables.

Secundo, l'obscurité est un moyen sûr de ne pas froisser le lecteur dans ses convictions. Celui-ci est en effet obligé de créer lui-même, avec ses propres idées, le sens de ce qu'il lit. Comme dans une auberge espagnole, c'est lui qui apporte le repas. Il aurait donc mauvaise grâce à se plaindre du menu.

Tertio, l'obscurité du charlatan intellectuel lui permet de susciter chez ses lecteurs un respect mêlé de crainte. En effet, nous avons tous tendance à douter de nos capacités intellectuelles : nous ne sommes pas sûrs d'être assez intelligents pour comprendre. En raison de ce doute, nous avons tendance à trouver plus de profondeur et de sagesse à ce qui nous échappe qu'à ce qui est clair. Ce que nous comprenons est « trop simple », ce que nous ne comprenons pas est « profond »... De tout temps, des escrocs ont profité de cette faiblesse pour intimider leurs victimes potentielles.

## Tout nu !

Une histoire bien connue illustre ce concept à merveille. C'est *Les habits neufs du roi,* du célèbre conteur danois Hans Christian Andersen (1805-1875).

Deux beaux parleurs prétendaient être capables de tisser une étoffe d'une exceptionnelle beauté. Cette étoffe, disait-il, avait une propriété singulière : les imbéciles et ceux qui ne remplissaient pas correctement leurs fonctions ne pourraient la voir.

Curieux, le roi leur commanda un habit de ce tissu. Aussitôt, les rusés compères se mirent à l'ouvrage. Ils exigèrent la soie la plus belle, le fil d'or le plus pur, les émeraudes les plus précieuses, et se mirent à tisser le vide sur leur métier jusqu'à tard dans la nuit.

Quand le roi envoya son ministre pour constater

l'avancement de l'ouvrage, celui-ci ne vit rien, bien sûr. Mais, ne pouvant se résoudre à admettre qu'il était un incompétent ou un imbécile, il s'extasia sur la beauté du tissu. Il en alla de même pour tous ceux que le roi chargea d'examiner le travail des tisserands.

Puis ce fut au tour du roi d'examiner son nouvel habit. Incapable d'avouer qu'il ne voyait rien là où tous ses courtisans voyaient quelque chose, il félicita les tisserands, enfila son vêtement virtuel et, malgré la température plus que frisquette (le Danemark n'est pas réputé pour la clémence de ses hivers), s'exhiba devant la foule de ses sujets.

D'abord, tous admirèrent le bel habit pour ne pas passer pour des imbéciles. Mais la vérité sort de la bouche des enfants malgré leurs parents, et un bout de chou qu'on avait mené là pour qu'il profite du spectacle se mit à clamer : « Papa, Maman, le roi est nu ! Il est tout nu ! » Comme c'était précisément ce que tout le monde pensait tout bas, cette petite phrase se répandit comme une traînée de poudre à travers la foule, et bientôt ce ne fut plus qu'une vaste clameur : « Le roi est nu ! Tout nu ! »

Dure journée pour Sa Majesté, qui y gagna un gros rhume et l'amertume de s'être fait duper.

Quand on se mit à la recherche des deux tisserands, on s'aperçut qu'ils avaient disparu avec la soie, l'or et les émeraudes.

Moralité : il est difficile d'avouer qu'on ne voit rien, qu'on ne comprend rien, quand tout le monde prétend voir et comprendre. La tâche est encore plus ardue quand un tel aveu risque d'être interprété par les autres comme de la stupidité ou de l'incompétence.

Et si c'était précisément cette difficulté qui expliquait le respect qui entoure la psychanalyse ?

Et si ce qui faisait applaudir à ses phrases incompréhensibles comme si elles avaient un sens profond, une signification transcendante, c'était la peur ?

La peur d'être un crétin, ou la peur de passer pour un ?

## À retenir

● Les penseurs les plus obscurs ne sont pas les plus profonds. Juste les plus obscurs.

● Ce qui se conçoit bien s'énonce clairement.

● Il est plus facile d'être confus que d'être clair.

● Les énoncés les plus incompréhensibles sont les moins réfutables.

● Quand le sens d'un texte est problématique, le lecteur le crée à partir de son propre fond.

● Les enfants ont peur du noir et les adultes aussi : confrontés à un texte savamment incompréhensible ils osent rarement dire qu'ils n'y voient goutte... des petits malins exploitent cette faiblesse et passent ainsi pour de grands sages.

## Conseils

▶ Ne soyez pas pareil aux disciples subjugués et asservis de Lacan : ne vous laissez pas éblouir par ce qui est obscur.

▶ Faites confiance à votre intelligence. S'il y avait vraiment quelque chose à comprendre, vous comprendriez.

## 3. ATTENTATS CONTRE LA LOGIQUE

Cependant, tout n'est pas que nuit et brouillard dans la psychanalyse. Le docteur Sigmund Freud, son fondateur, est même relativement clair. Mais clair, ça ne veut pas toujours dire cohérent et logique...

Freud est-il le penseur rigoureux pour lequel il passe ?

La question est d'importance, car tout l'édifice de la psychanalyse repose sur la pensée freudienne. Si les fondements freudiens sont solides, la psychanalyse l'est aussi, mais si les bases sont branlantes ou fissurées, c'est toute la psychanalyse qui se lézarde et s'effondre, à l'image la maison d'Usher lorsque lady Madeline surgit à la porte, livide dans son suaire, dans un conte d'Edgar Allen Poe.

Dans ce chapitre, nous allons examiner quelques-unes (quelques-unes seulement) des failles qui fragilisent les théories du docteur Sigmund Freud. À vous, ensuite, de décider si ces failles sont négligeables ou gravissimes, anecdotiques ou impardonnables.

### Neutralité bienveillante

Selon Freud, le psychanalyste doit faire preuve à l'égard de son client de *neutralité bienveillante*. Ça vous paraît probablement un bon conseil... Mais est-il applicable ?

La neutralité est « l'attitude d'une personne qui s'abstient de prendre parti dans un débat, une discussion, un conflit. » (synonyme : *indifférence*) tandis que la bienveillance est, elle, « la qualité d'une volonté qui vise le bien et le bonheur d'autrui. » (synonyme : *sympathie*)

Vous voyez le problème ?

On ne peut pas faire preuve de bonté et de sympathie tout en restant neutre et indifférent. Ce qui est neutre n'est pas bienveillant et ce qui est bienveillant n'est pas neutre. Neutralité et bienveillance sont incompatibles : il faut choisir entre les deux. En conseillant aux psychanalystes de faire preuve de *neutralité bienveillante*, Freud leur donne un conseil aussi impossible à suivre que s'il leur recommandait de faire preuve d'*indifférence passionnée* ou de *tendresse sadique*.

## Attention flottante

*L'attention flottante* est un autre concept problématique forgé par Freud. Elle consiste, dit-il, à « tout écouter sans prêter une attention particulière ». L'analyste devrait se fier à sa mémoire inconsciente, et écouter sans se préoccuper de retenir quelque chose :

> « Le médecin analysant s'abandonne, dans un état d'attention uniformément flottante, à sa propre activité mentale inconsciente, évite le plus possible de réfléchir et d'élaborer des attentes conscientes, ne veut, de ce qu'il a entendu, rien fixer en particulier dans sa mémoire et capte de la sorte l'inconscient du patient avec son propre inconscient. »

Encore un programme contradictoire.

Lorsqu'on écoute sans prêter une attention particulière, en s'abandonnant à ses propres rêveries (à sa « propre activité mentale inconsciente »), on n'est pas attentif. Si peu attentif, qu'on ne peut même pas dire qu'on écoute.

L'attention est en effet la tension de l'esprit vers un objet à l'exclusion de tout autre. Quand l'esprit n'est pas fixé sur quelque chose, quand il flotte, on ne doit plus parler d'*attention,* mais de *distraction*... le contraire.

Voici, à toutes fins utiles, la définition de la distraction : « Manque d'attention, habituel ou passager, de l'esprit occupé par autre chose que ce qui lui est proposé ». De la même manière que la « neutralité bienveillante » d'un psychanalyste n'est pas neutre, ou n'est pas bienveillante, l'« attention flottante » d'un psychanalyste n'est pas attentive, ou n'est pas flottante.

Dans le cas de Freud, c'était l'attention qui manquait.

Son esprit était occupé à toute autre chose que ce que ses patients lui disaient. On sait en effet que Freud profitait des séances d'analyses pour rédiger son courrier ou pour roupiller. (Une petite sieste l'après-midi, c'est très bon pour la santé.) Sa théorie de l'attention flottante lui servait à justifier sa propre désinvolture.

Dans le passage de Freud que nous avons cité, on peut noter une deuxième contradiction dans l'alliance de *uniformément* et de *flottant*. Comment ce qui flotte pourrait-il flotter de manière uniforme ? Par définition, ce qui flotte n'a pas de principes régulateurs ni de direction déterminée qui lui permettrait de garder une allure régulière.

Au fond, en prescrivant une attention *uniformément flottante,* Freud recommande aux analystes de faire attention à toujours maintenir le même degré d'inattention... On leur souhaite bon courage !

## Cravate et phallus

Comme vous le savez certainement, Freud était un obsédé des symboles phalliques. Il en voyait partout. Lustre, ballon, avion, parapluie, manteau, oreille, chaussure... sous son regard, n'importe quel objet se changeait en ersatz de pénis.

Voici comment Freud prétendait prouver que la cravate en est un :

> « Dans le rêve des hommes, la cravate symbolise souvent le pénis, non seulement parce qu'elle est longue et pend et qu'elle est particulière à l'homme, mais parce qu'on peut la choisir à son gré, choix que la nature interdit malheureusement à l'homme. »

Le début du raisonnement tient plus ou moins la route, mais pas sa fin. Ce qui prouve que la cravate est un symbole phallique, c'est, dit Freud, que le porteur de phallus n'est pas libre de sélectionner celui qui lui plaît, tandis que le porteur de cravate, si.

Vous ne saisissez pas la logique de cet argument ?

Ne doutez pas de vos facultés mentales. C'est la logique de Freud qui est spéciale : il avance une « preuve » qui argumente en sens inverse de ce qu'il prétend prouver. En adoptant sa manière de raisonner, ou plutôt de déraisonner, on peut prouver très facilement tout, n'importe quoi, et leur contraire. Par exemple que le phallus est un symbole solaire. En effet le soleil émet de la lumière blanche et des rayons ultra-violets, alors que le phallus est, lui, complètement opaque.

## Refoulement et résistance

Autre raisonnement très très personnel : d'après Freud, l'existence des désirs inconscients est prouvée par leur refoulement, qui est lui-même prouvé par la résistance.

Ce que Freud entend par *résistance,* c'est le fait que le patient nie ressentir les désirs que l'analyste lui prête. En d'autres termes, dire « Non, désolé, mais je ne désire pas *du tout* tuer mon père et coucher avec ma mère ! » démontrerait qu'on désire ardemment tuer son père et coucher avec sa mère... Dans la perspective de Freud, toute protestation d'innocence se change automatiquement en aveu :

> « Il n'est aucune preuve plus décisive du succès de la mise au jour de l'inconscient que lorsque l'analysé réagit par la phrase : *Je n'ai pas pensé cela,* ou bien : *je n'ai jamais pensé à cela !* »

Si on adopte cette logique plus que paradoxale, on peut aussi « prouver » qu'il y a des licornes dans la forêt de Brocéliande. En effet, lorsqu'on interroge les habitants du coin ils nient avec énergie en avoir jamais vues dans les parages.

René Pommier, critique aux arguments bien affûtés, affirme que « les prétendus arguments de Freud sont presque toujours saugrenus ».

En effet.

# Si grands et si vides...

Passons à un autre problème récurrent chez Freud : la manière dont il définit les termes qu'il emploie.

Ou plutôt, dont il ne les définit pas.

Car Freud a la fâcheuse habitude de ne fixer aucune limite aux notions qu'il emploie.

Stanislaw Jerzy Lec, survivant des camps de concentration, a dit un jour : « Certains mots sont si grands et si vides qu'on peut y garder captives des nations entières ». Cette remarque très pertinente s'applique parfaitement à Freud, qui gonfle le sens des mots jusqu'à changer les grenouilles en bœufs, les bœufs en montgolfières, et les montgolfières en pénitenciers géants.

Du coup, lorsqu'on adopte les concepts freudiens on ne sait plus vraiment de quoi on parle, ni ce qu'on en dit : la pensée s'effiloche, on pédale dans la mélasse, tournant en rond dans la semoule jusqu'à chougner dans la choucroute.

## *Sexualité*

Par exemple, selon Freud, tous les plaisirs corporels sont sexuels, même celui que prend un bébé à sucer innocemment son pouce ou le sein de sa mère. Gonflée à bloc, étirée bien au-delà de son vrai sens, la sexualité devient ainsi omniprésente et obsédante. Où qu'on aille, quoi qu'on fasse et quoi qu'on dise, on se retrouve nez à nez avec elle. On la vire de la salle de bains, on la retrouve à la fenêtre ; on ferme la fenêtre, on se cogne à elle dans la chambre d'enfant. Par où est-elle entrée ?...

Freud seul le sait.

## *Homosexualité*

Le cas de l'homosexualité est comparable. Freud la définit d'une manière si ample, si diffuse, qu'elle imprègne même l'amitié la plus chaste. Dans la perspective freudienne, l'homosexualité est manifeste, latente, sublimée, ou cachée ; la seule chose qu'elle n'est jamais, c'est en congé.

## *Agressivité*

Il en va de même pour l'agressivité, notion que Freud étire jusqu'à ce qu'elle s'applique à des fonctions dont a priori on n'aurait jamais imaginé qu'elles puissent avoir une dimension agressive. Comme, par exemple, le fait de bâiller ou d'aller se soulager aux toilettes.

## *Constipation*

Notons au passage que la plupart des psychanalystes ont suivi la voie tracée par Freud : comme lui, ils élargissent au maximum le sens des mots. Voici par exemple comment Groddeck, un psychanalyste, définit la constipation :

> « La constipation est la résistance en soi. Par constipation, j'entends ici les troubles digestifs de la vie quotidienne et en premier lieu, la diarrhée. »

Ainsi la constipation se change en une diarrhée qui emporte dans son flux généreux tous les troubles digestifs de la vie quotidienne... On peut difficilement concevoir une définition plus large et plus fluviale d'une notion plus resserrée.

Toutefois, la plupart du temps la (re)définition élargie des termes est moins évidente, et ce pour une raison bien simple : les psychanalystes évitent de définir les mots qu'ils utilisent.

## Perversion textuelle

Les quelques incohérences que nous venons d'examiner ne sont qu'un tout petit échantillon des innombrables fautes logiques qui constellent l'œuvre freudienne.

Freud a la réputation d'être un grand penseur, un homme de science raisonnant avec une implacable rigueur, mais une réputation n'est pas un fait. En élargissant les concepts bien au-delà de leurs limites, en corrompant le sens des mots, en usant et abusant de raisonnements vaseux, bref en contraignant la langue à se tordre dans tous les sens, même les plus contre nature, Freud se comporte en véritable pervers textuel.

Laisser un petit mot innocent et pur comme « enfant », « bébé », ou « téter » entre les mains d'un intellectuel tel que Freud, c'est comme laisser le Petit Chaperon rouge en tête-à-tête avec un pédophile multirécidiviste. Si, plus tard, l'enfant devient lui-même un pervers polymorphe, il ne faudra pas s'étonner.

---

## À retenir

• La pensée freudienne comporte des contradictions insurmontables, des définitions truquées, de grands mots vides et des raisonnements boiteux.

• Si la logique était une dame, Freud l'aurait violée sans états d'âme dès leur premier rendez-vous.

## Conseils

▶ Jugez le sac d'après son contenu, pas d'après son étiquette.
▶ Méfiez-vous des sophistes.

## Lectures recommandées

☐ *Sigmund est fou, Freud a tout faux* de **René Pommier**. Pour en savoir plus sur les attentats perpétrés par Freud contre la logique... Une lecture amusante et convaincante.

☐ *Les illusions de la psychanalyse*, de **Jacques Rillaer**. Un autre ouvrage très intéressant qui met en lumière diverses incohérences de la pensée freudienne.

---

# 4. COMMENCER

Mais la psychanalyse, ce n'est pas seulement de la théorie ; c'est aussi de la pratique – pratique qu'on appelle *une analyse, une cure,* ou *une thérapie d'inspiration psychanalytique.* Qu'est-ce qui décide les gens à en commencer une ?

## Prestige

Parce qu'elle coûte cher, qu'elle est auréolée de mystère et qu'elle a la réputation (usurpée) d'être la plus ancienne des psychothérapies, la psychanalyse apparaît comme le produit le plus prestigieux disponible sur le marché psychothérapeutique :

> « Mon analyse est la chose la plus luxueuse que je me sois offerte. »

> « J'ai demandé à mon psychiatre quelle était son obédience ; il me répondit qu'il était lacanien. J'ai alors éprouvé une sorte de fierté : il me semblait que j'entrais dans une élite. »

> « Quand j'ai commencé la psychanalyse qui m'a détruit, j'étais persuadé d'être sur la voie royale de la libération... La Rolls des thérapies… Le nec plus ultra du travail intérieur. »

La psychanalyse a la réputation d'être une psychothérapie de luxe. Certains se laissent séduire par cette image de marque, et entrent en analyse comme ils entreraient au Lion's club.

Problème : quand on parle de thérapie, « élite », « voie royale », « Rolls » et « nec plus ultra » sont des concepts-écrans, des notions trompeuses qui font perdre de vue l'essentiel. En effet quand on choisit une thérapie la question primordiale n'est pas : « Quelle est la thérapie la plus élitiste ? », mais bien : « Quelle est la thérapie la plus efficace, la plus salvatrice, celle qui a le plus de chances de m'aider ? »

Ces deux questions sont radicalement différentes.

En effet on peut faire une crise de foie avec du foie gras, se bousiller avec du champagne, et (comme les stoïciens lors de leurs suicides) boire du poison dans une coupe en or. Ce qui est prestigieux n'est pas toujours bénéfique, loin de là.

Les lecteurs qui accordent beaucoup d'importance à l'image, au prestige et au statut social, devraient se poser la question suivante : si on leur donnait le choix, préférerait-il flotter dans une barque, ou couler avec le Titanic ?

## Se connaître

Mais dans la majorité des cas, des raisons plus profondes que le snobisme déterminent le choix de la psychanalyse. L'une d'elles est l'espoir de mieux se connaître :

« La psychanalyse est une introspection assistée. »

« Faire une psychanalyse, c'est réaliser l'une des plus grandes aventures de son existence en partant à la découverte et à la rencontre de soi-même. »

« Une psychanalyse, on peut l'envisager par curiosité de soi-même, par envie de se connaître mieux, ou de se connaître tout court... La psychanalyse nous permet de découvrir qui nous sommes. »

Considérations qui nous amènent à la question suivante : le miroir de la psychanalyse est-il fidèle ?

Y découvre-t-on son véritable reflet, comme on découvre le ciel et son visage dans l'eau pure d'un lac de montagne, ou une version défigurée et méconnaissable de soi-même, portrait cubiste revu et corrigé par le docteur Frankenstein ?

Selon Alice Miller, ex-psychanalyste, « si l'on ne *veut pas* savoir la vérité sur sa propre vie, on peut trouver de l'aide auprès de la psychanalyse ».

Le sens de cette remarque énigmatique s'éclaircira bientôt.

## De l'aide

Troisième et principale raison de commencer une analyse : l'aide qu'on espère y trouver.

« Je fais une psychanalyse pour pouvoir aimer et travailler – et accessoirement, pour sortir de la dépression. »

« Je fais une psychanalyse pour ne plus me sentir inférieure aux autres, pour apprendre à aimer les autres, à m'aimer moi-même, et à me respecter tel que je suis. »

« Je vois dans la psychanalyse un moyen de me sortir des comportements névrotiques qui me handicapent au quotidien. J'en attends de pouvoir vivre et aimer plus tranquillement, sans me prendre la tête. »

La psychanalyse est-elle à la hauteur de ce qu'on attend d'elle ? Nous verrons tout à l'heure si les espoirs placés en elle sont comblés ou déçus.

## Ignorance

La quatrième et dernière raison pour laquelle les gens se tournent vers la psychanalyse est le manque d'informations. En France, le discours psychanalytique diffusé par les médias est trop obsédant pour que les alternatives soient audibles. Confondant « psychanalyse » et « psychothérapie », la majorité des honnêtes gens croient que la psychanalyse est le seul moyen de se faire aider.

---

### À retenir

● On commence une analyse par snobisme, volonté de se connaître, dans l'espoir de trouver de l'aide, et parce qu'on ignore l'existence des autres psychothérapies.
● Mieux vaut flotter dans une barque que couler avec le

---

Titanic.

## Conseil

▶ Si, après un ou deux mois d'analyse, vous vous apercevez que vous n'y trouvez pas ce que vous êtes venu y chercher, remettez la thérapie en cause plutôt que vous.

# 5. ARRÊTER

Voyons maintenant quelles sont les raisons *d'arrêter* une analyse.

On s'attend logiquement à ce que la principale soit le succès de l'analyse. Quand l'objectif premier est atteint, on n'a a priori plus de raison de continuer – surtout compte tenu du prix élevé des séances. Mais d'après les témoignages, c'est rarement cette raison-là qui détermine les analysants à interrompre leur analyse...

## Flou

Une cause d'abandon fréquemment invoquée est le flou :

« Quand je lui pose des questions, mon psy ne répond pas, répond par une autre question, ou reste dans le vague. Je n'ai plus envie d'aller le voir. »

« Mon psy ne retient rien de ce que je dis, il est très évasif... Face à lui, je me sens comme dans ces cauchemars où l'on pédale dans la semoule contre un vent de 180 km/h. »

« Flou, mon psy perdait son crédit. Aurais-je dû attendre une hypothétique levée du brouillard ? Je ne pense pas. J'ai cru à cette intuition : "la vraie vie est ailleurs". J'ai réussi à m'y fier et à ne pas me perdre en atermoiements. »

On pourrait bien sûr objecter que cette imprécision est une manière de ne rien imposer, de laisser à l'analysant la liberté de ses analyses, que c'est une forme de respect... admettons.

Il n'empêche que lorsqu'on veut des réponses intelligibles et univoques à ses questions, on ne fait pas de vieux os sur le divan. Les psychanalystes sont maîtres ès réponses évasives.

## Indifférence

Une autre raison d'arrêter que les analysants invoquent souvent est l'absence de sympathie et de chaleur humaine qu'ils constatent chez leur psy, et son manque d'intérêt à leur égard.

« J'ai l'impression que mon psy s'ennuie ou qu'il dort les yeux ouverts... J'ai décidé de tout stopper. »

« Je ne retournerai plus chez la psy. Je n'arrive pas à passer par-dessus le fait qu'elle se soit endormie pendant que je lui parlais. »

« J'aurais aimé que ma psy ait un peu d'estime ou de sympathie pour moi... C'est trop horrible de se confier à quelqu'un qui s'en fiche et qui n'éprouve pour vous que de l'indifférence. »

« Souvent, quand je raconte ma vie, je surprends le regard de mon psy dans le vide et je prends conscience que je l'ennuie. J'aurais souhaité qu'il montre un peu de compassion devant les épreuves que je traverse. »

« La dernière fois que j'ai vu mon psy avant d'arrêter de le voir, il passait son temps à bâiller. Je sais que lorsqu'on est dépressif on parle lentement et qu'on est mou à souhait, mais de là à faire l'effet d'un somnifère... »

« Il y a deux ans, ma psy s'est carrément endormie derrière moi, ce qui m'a vraiment chamboulée ! J'avais décidé la séance d'après de lui parler des choses les plus graves pour attirer son attention. Aujourd'hui, je suis sûre qu'elle s'est assoupie encore une fois... »

Vider son cœur et dénuder son âme devant quelqu'un qui les écoute comme s'il s'agissait du bruit de la pluie – ou qui ne les écoute pas du tout – est en effet frustrant et déstabilisant. Si les clients de Freud respectaient sa sieste, tout le monde n'est pas aussi tolérant à l'égard des flottements de « l'attention flottante ».

## Coût et bénéfice

Quatrième raison souvent invoquée : le rapport coût/bénéfice n'est pas satisfaisant du tout.

> « L'analyse prend mon temps et vide mon porte-monnaie : je l'arrête. »

> « Je trouvais que mon psy ne m'apportait rien... Aller le voir était devenu une corvée. J'ai donc arrêté. »

> « Mon suivi psy ne m'apporte pas grand-chose, et me coûte très cher. Je préférerais employer mon temps et mon argent à quelque chose de plus constructif, comme le sport ou la musique. »

> « Je n'ai plus envie de faire cette psychanalyse, même si ça se passe bien avec ma psy. Je paye soixante euros par séance. Quand je pense à tout ce que je pourrais m'acheter avec cet argent ! »

> « Je consulte un psy depuis deux mois, et rien de positif ne ressort des séances. J'ai l'impression de tourner en rond. Il y a de grands blancs, parfois je bloque et j'attends en vain qu'il m'aide ou relance la discussion. J'envisage d'arrêter ; l'analyse me coûte cher compte tenu de ce qu'elle m'apporte. »

Une analyse qui se prolonge quelques années coûte l'équivalent d'une petite maison à la campagne ; un investissement aussi conséquent doit être rentable, c'est une question de bon sens.

Certains m'objecteront que ce calcul est mercantile... que lorsqu'on cherche la vérité sur soi, on doit donner sans compter... sans rien attendre en retour...

Mais un chercheur d'or ne s'obstine pas à piocher pendant des années le même lopin de terre désertique, s'il n'y trouve que des cailloux sans valeur. Pourquoi continuerait-il ? L'objet de sa quête n'est pas là. Quand on ne trouve pas ce que l'on cherche, il faut continuer à chercher, mais *ailleurs*.

Renoncer à une analyse qui coûte plus qu'elle ne rapporte, ce n'est pas renoncer à se connaître, ni renoncer à aller mieux, ni renoncer à se battre, ni renoncer à être heureux ou à réaliser ses rêves. C'est juste se détourner d'un moyen qui n'est tout simplement pas le bon pour atteindre l'objectif que l'on poursuit. En d'autres termes, c'est faire preuve d'intelligence.

# Plus mal

Enfin, évoquons la raison la plus récurrente et la plus surprenante de toutes pour arrêter une analyse : après les séances, l'analysé se sent plus mal qu'avant !

Les témoignages à ce sujet sont innombrables :

« Mes séances chez le psy ne m'ont pas redonné confiance en moi ; elles m'ont plutôt fragilisée. »

« Je suis en psychanalyse depuis presque six mois. C'est très douloureux et je me sens très déprimée. »

« Chaque fois que je sors de séance avec mon psy, je me sens complètement démoralisée pendant deux jours. »

« La dernière séance, comme d'autres avant, m'a déprimée. Je me suis sentie dans une impasse, et la psy ne me proposait aucune issue. »

« Ça n'allait pas avant de consulter ma psy et maintenant c'est encore pire... Idées suicidaires, dévalorisation, envie de rien... la souffrance est trop grande pour que je puisse continuer. J'ai décidé d'arrêter. »

« Ce qui me tire vers le bas et me plombe ma semaine, c'est ma séance avec ma psy. Elle a pris trois semaines de vacances, et pendant ce temps, je n'allais pas si mal. Depuis son retour, plus rien ne tourne rond : je rumine, je suis agressive, je n'arrive plus à travailler. »

« Quand je sors de chez mon psy, je suis souvent en larmes. J'ai besoin d'un verre pour m'en remettre, et dans les jours qui suivent ça ne va pas du tout. J'en ai marre de me forcer à essayer de parler de ma vie et de mes nombreux défauts... ça me fait juste prendre conscience de ma nullité. »

« J'étais sujet à des crises d'angoisses qui survenaient sans que je sache pourquoi. Je sentais que je n'allais pas réussir à m'en débarrasser comme ça ; je me suis dit qu'il fallait que je consulte. J'ai vu un psy. En un mois, mes angoisses sont devenues ingérables et je suis tombé en dépression. »

D'autres témoignages sont encore plus nets, si c'est possible :

« Avec la psychanalyse, je pensais trouver un soulagement, effacer un traumatisme. En fait, c'est un second traumatisme qui m'attendait. »

« Les psychanalyses peuvent avoir des effets dévastateurs. Un an de psychanalyse m'a fait passer d'un état dépressif à un état désespéré. »

« Je n'ai jamais été aussi mal. Je me laissais mourir, je ne faisais plus rien, je ruminais jour et nuit... J'ai (entre autres) perdu près de 10 kg, abandonné mes études, commencé à nourrir des sentiments de rancœur envers à peu près tout le monde. Mais bien sûr mon psy était là... pour prendre mon argent. »

Dans ma boîte mail se trouve le message d'un homme d'une cinquantaine d'années qui est resté en analyse pendant quinze ans. Les séances pour lesquelles ils payaient s'apparentaient à du harcèlement moral :

« Pendant quinze ans, deux fois par semaine, ce psy m'a expliqué combien j'étais un mauvais analysant, combien je ne savais pas *associer*, combien j'étais névrosé jusqu'au bout des ongles, combien je faisais et pensais tout faux, combien j'étais totalement fourvoyé dans l'erreur et l'illusion, combien je ne savais pas ce que je disais et faisais. Par contre lui savait, voyait, comprenait et, en gros, derrière le moindre de mes faits et gestes, il me voyait à la poursuite d'une illusion et tout le temps en train de vouloir *baiser ma mère et couper les c... à mon père* (sic). J'ai appris pendant quinze ans de suite que quoi je pense, quoi que je dise et quoi que je fasse, je suis sadique ou masochiste. »

Torture mentale de la pire espèce. À force de se faire ainsi déchiffrer, éplucher et malmener, mon correspondant a perdu ce qu'il possédait de plus précieux :

« Cette soi-disant analyse a tout détruit, tordu, faussé, cassé, intoxiqué en moi. J'y ai perdu mon âme. Et ma sensibilité. Elle m'a enterré vivant. Je n'arrive plus, depuis, à être naturel ; ça a abîmé quelque chose. Là où était mon âme, il n'y a plus qu'une blessure béante, une blessure qui pue et qui repousse tout le monde ; le monde a perdu son charme et j'ai perdu le mien, il ne reste plus que la laideur. »

Cette analyse l'a en quelque sorte privé de son âme.

Bien sûr, la plupart du temps la psychanalyse n'est pas nocive à ce point-là. Mais comme vous pouvez le constater, ce cas extrême s'inscrit dans un continuum de témoignages qui vont tous dans le même (mauvais) sens...

## Effets paradoxaux

L'aide attendue et espérée par ceux qui commencent une analyse vient rarement au rendez-vous. À la place, ils découvrent bien souvent les nombreux effets paradoxaux de la psychanalyse. Citons-en quelques-uns.

Des amitiés prennent fin :

« Je suis en psychanalyse depuis presque six mois. C'est très douloureux et je me sens très déprimée. De plus, depuis que j'ai commencé mon analyse je perds mes amis un par un. »

« Huit mois de masturbation cérébrale, c'est ça ma psychanalyse, mais huit mois sans amour, sans flirt, sans amis mis à part un copain que je vois peu, huit mois sans projet, sans sortie, car la psychanalyse fatigue et coûte cher. »

Souvent, la rancœur s'installe à l'égard des parents diabolisés. Les liens familiaux sont rompus :

« Je suis allée voir une psychanalyste, car j'ai un problème de poids. Je voulais qu'elle m'aide à comprendre où était le blocage. J'ai fait quatre séances qui m'ont fait plus de mal que de bien. La psy a mis mon problème de poids une semaine sur mon père, l'autre ma mère, et a fini par la grand-mère... elle m'a braqué contre toute la famille. Du coup, je suis devenue nerveuse, méfiante, et en colère. Ça n'a pas du tout arrangé ma situation. »

« Je suis allé voir un psychanalyste ; j'ai aussi lu de nombreux livres de psychologie tous aussi débiles les uns que les autres. Résultat ? Le psy et ces livres m'ont font rentrer dans le crâne que mes parents m'avaient fait subir des trucs très graves. J'ai commencé à leur en vouloir. J'ai harcelé ma mère de questions sur la manière dont elle m'avait éduqué, ce qui a créé beaucoup de tensions dans la famille. Au final, mes relations au sein de ma famille se sont dix fois empirées. »

Autre effet pas si secondaire que ça : parfois l'amour s'en va, chassé par la zizanie, le divorce.

« Les dix séances avec un psy que j'ai payées à ma copine pour qu'elle se sente mieux ont porté leurs fruits : il a réussi à lui faire comprendre qu'elle serait mieux sans moi. »

« Ma femme a commencé une psychanalyse. Dès les premières séances, notre vie de couple a explosé. Fin de la première séance : "je ne t'aime pas". Fin de la deuxième séance : je la retrouve à dormir sur le bord du lit évitant que nos pieds ou nos mains se touchent par inadvertance. Depuis, chaque séance nous éloigne un peu plus l'un de l'autre. »

« Ayant des difficultés dans mon couple – des difficultés qui viennent surtout de moi – j'ai décidé d'aller voir un psy. Le premier rendez-vous s'est bien passé, mais le deuxième a été assez bizarre ! À partir du moment où je lui ai dit que mon mari était largement plus âgé que moi, la psy a changé de comportement. Elle m'a dit qu'il fallait que je sorte de cette relation, que ce n'était pas normal. »

« J'avais des phases d'angoisse et de dépression depuis longtemps, et je souhaitais creuser au fond de moi avec un expert pour y mettre fin. Dès les premières séances, ma vie de couple a explosé. Avec ses questions orientées, mon psychanalyste mettait en avant le côté sombre de ma personnalité, et je me suis mise à rejeter tout ce qui était stable autour de moi. Je ne manifestais plus aucune affection à mon mari, ni à mes enfants, j'étais uniquement centrée sur moi et sur mon malheur. Je suis devenue de plus en plus renfermée et haineuse. »

Ces témoignages le prouvent : la psychanalyse agit parfois comme un dissolvant sur les relations humaines. Bien souvent amis, parents et conjoints s'envolent au loin comme feuilles mortes. (Et il ventait devant la porte...)
Ce vent glacial auquel l'amitié, la tendresse et l'amour ont

tant de mal à survivre, c'est une entité puissante quoiqu'invisible, une ombre malfaisante, un spectre ricaneur et sarcastique : l'esprit de Freud. Mais n'anticipons pas.

En vrac, et sans détailler, voici quelques autres effets paradoxaux de la psychanalyse : l'arrogance et l'égoïsme (l'analysant s'obnubile sur son nombril, qui prend à ses yeux des proportions gigantesques), le découragement et l'apathie, la confusion mentale et la folie, le suicide.

## Une fausse alternative

Nous avons évoqué tout à l'heure l'opposition entre psychiatrie médicamenteuse et psychanalyse, mais quand on l'examine de près, l'opposition apparente entre le divan et les cachets se résorbe.

Les antidépresseurs aggravent la dépression ou la suscitent ? La psychanalyse aussi. Les antidépresseurs ratatinent l'intelligence ? La psychanalyse aussi. Les antidépresseurs figent les sentiments, rendent indifférent à tout et à tous ? La psychanalyse aussi. Les antidépresseurs créent une dépendance ? La psychanalyse aussi. Les antidépresseurs poussent au suicide ? La psychanalyse aussi.

En fin de compte, l'alternative « divan ou cachets » n'offre qu'une illusion de choix. Arrêter les antidépresseurs pour commencer une psychanalyse, c'est sauter hors de la poêle pour tomber dans le feu, troquer Charybde contre Scylla.

## Le cas des psychanalystes efficaces

Mais que faire de ceux que la psychanalyse a aidés ? Ne faut-il pas différencier les bons psychanalystes dles mauvais ? Tout ne peut pas être à jeter dans la plus illustre des psychothérapies, tout de même !

Bonne remarque.

C'est vrai, certains psychanalystes aident leurs patients, c'est un fait incontestable. Cependant vous découvrirez bientôt que lorsqu'ils le font, ce n'est pas *grâce* à la psychanalyse, mais *malgré* elle. Aussi stupéfiant et paradoxal que cela puisse paraître, *un psychanalyste efficace est un mauvais psychanalyste* : en aidant ses patients, il tourne le dos à la psychanalyse !

Lorsqu'un thérapeute réussit à faire de la psychanalyse quelque chose d'utile, il la trahit en faisant sa propre cuisine. Et inversement, tant qu'un psychanalyste reste fidèle à l'esprit dans lequel la psychanalyse a été créée, tant qu'il respecte son idéologie et ses valeurs, il ne peut que nuire à ses clients.

Ça aussi, c'est difficile à croire.

Mais poursuivez votre lecture, et ça deviendra limpide.

## Le meilleur moment du traitement ?

En fin de compte, la psychanalyse présente une certaine similitude avec la dépression : bien souvent l'apothéose, le moment le plus délicieux, c'est quand ça s'arrête.

> « Après avoir quitté le cabinet de mon psy pour la dernière fois, j'ai retrouvé mon indépendance et une certaine liberté ; je ne me suis jamais sentie aussi libre qu'à ce moment-là de ma vie. »

> « Depuis que j'ai arrêté, je me sens beaucoup plus saine de corps et d'esprit. Même si la vie n'est pas toujours facile, j'ai l'impression de me reconstruire. Vraiment, c'est ahurissant... La plupart des difficultés qui ont éclos lors de mon analyse se sont fortement atténuées. Je ne suis plus constamment sur la brèche. Quelle perte de temps, d'argent... Tant d'espoirs déçus, de souffrance inutile. »

> « Un mardi de septembre 1992, je mis un terme à sept années de thérapie d'inspiration psychanalytique... Je me souviens de l'immense soulagement que j'ai ressenti ce jour-là : j'avais l'impression de m'extirper d'une sorte de labyrinthe où j'errais depuis des années sans but précis, sans être sûre de trouver un jour la sortie. J'étais libérée, même si je n'avais résolu aucune de mes difficultés. »[1]

---

1    Annie Gruyer, témoignant dans *Le livre noir de la psychanalyse.*

Je me rappelle la joie pure qui m'a inondée, lorsque je suis sortie pour la dernière fois du cabinet du psychanalyste où m'avaient envoyée mes parents, inquiets de ma mine renfrognée d'adolescente introvertie et inadaptée.

Ce psy, je l'ennuyais. Mais nous étions quittes, car lui il me barbait.

Nos séances étaient consacrées à un petit jeu idiot : « Celui qui parle le premier a perdu ». Comme il avait des années d'entraînement, c'était toujours lui qui gagnait... Il pouvait rester plus d'un quart d'heure sans rien dire, à regarder le vide ou sa montre, exhibant un ennui placide et des bâillements. Moi, j'étais trop mal à l'aise pour me taire aussi longtemps : je finissais par craquer et par dire quelques phrases insignifiantes.

Après, on commençait une autre partie.

À la fin de la séance, le psy empochait sans complexe les billets que je lui donnais sans enthousiasme, ouvrait la porte et me faisait sortir d'une main ferme. Je me sentais flouée.

Le dernier jour avec lui, qui était aussi le premier jour du reste de ma vie, c'est moi qui ai poussé la porte qui me séparait du soleil. Quel soulagement j'ai ressenti à cet instant-là...

## À retenir

• En général, on arrête une analyse non parce qu'on a atteint son objectif, mais parce qu'on ne supporte plus l'indifférence évasive de son psy, ainsi que la disproportion entre le coût financier et émotionnel de l'analyse et les bénéfices maigrelets qu'on en retire.

• Bien souvent, la psychanalyse fait du bien quand elle s'arrête.

## Conseil

▶ Le moyen que vous avez choisi pour régler vos problèmes n'est pas le bon ? Changez de moyen sans changer d'objectif.

## Lectures recommandées

☐ *Le livre noir de la psychanalyse : Vivre, penser et aller mieux sans Freud.*

## 6. Continuer envers et contre tout

La plupart des clients entrent en analyse parce qu'ils cherchent une solution à leurs problèmes. Contrairement à leurs espérances, beaucoup se retrouvent en plus mauvais point qu'avant. Dans une situation pareille, la seule réaction rationnelle consisterait à dire « bye, bye » à son psy : quand l'analyse complique les choses au lieu de les simplifier, sa fin s'impose comme une évidence...

Or, bizarrement, beaucoup de patients qui ont toutes les raisons du monde d'arrêter leur analyse la poursuivent envers et contre tout :

> « J'en ai marre de l'analyse, mais bon j'en ai marre de tout... J'y crois quand même encore et je suis prêt à faire des sacrifices. »

> « Tous les jours, je veux arrêter l'analyse, mais pour l'instant les raisons ne sont pas encore suffisantes pour que je passe à l'acte. »

> « Depuis quelque temps, je me demande à juste titre ce qui peut encore sortir de ma cure... Le temps tourne doucement, et des fois je me demande où on va... L'analyse c'est du temps, du temps, du temps, du temps... parfois je me dis que j'aimerais raconter cette histoire un jour, si je m'en sors... mais personne ne s'en sort. »

Ces analysants se cramponnent à leurs séances douloureuses et stériles avec une ténacité surprenante... Pourquoi s'obstinent-ils à marcher sur une route qui, ils le disent eux-mêmes, ne mène nulle part ? Pourquoi persistent-ils à errer dans ce chemin plein de ronces ?

## Masochisme ?

Même si de loin ça y ressemble un peu, ce n'est pas du masochisme. De même que personne n'aime avoir chaud pour avoir froid, personne n'aime souffrir pour le plaisir, personne n'est masochiste au sens strict. Souffrance et plaisir sont des contraires : quand quelqu'un semble chercher la souffrance, c'est toujours autre chose qu'il cherche à travers elle.

Mais alors, qu'est-ce que c'est ?

Qu'est-ce qui retient les analysants sur leur divan de souffrance ?

## Stupide souci de cohérence

Ce qui les retient c'est ce qui, d'une manière générale, fait persister dans de mauvais choix en dépit de l'évidence.

Le grand philosophe américain Ralph Waldo Emerson (1803-1882) a baptisé cette force maléfique *foolish consistency*, expression qu'on peut traduire par « cohérence mal avisée » ou « stupide souci de cohérence ».

Cet entêtement est aussi connu sous le nom d'*effet Concorde*. Dans les années 1950 et 1960, les gouvernements français et britanniques ont continué à financer le développement de l'avion supersonique Concorde alors même qu'il était devenu parfaitement clair que son avenir économique était nul.

De même, les personnes qui subissent des rites d'initiation douloureux et humiliants pour appartenir à un groupe tendent, par la suite, à valoriser cette désagréable expérience et à approuver ce qui les a fait souffrir, empilant justification sur justification pour confirmer la pertinence de leur décision antérieure. Plus un choix s'est révélé coûteux, plus il est difficile de faire marche arrière.

La psychanalyse coûte cher à plusieurs niveaux. Quand on a investi tant d'argent, de temps et de larmes dans quelque chose, il est difficile de s'avouer qu'on a fait fausse route... Certains analysants victimes de leur cure sont incapables de se dire « Je me suis fait avoir ; laissons tomber et passons à autre chose ». Un tel aveu ébranlerait trop profondément l'image qu'ils se font d'eux-mêmes.

Il ne leur reste donc plus qu'à continuer sur leur lancée en marmonnant comme Édith Piaf : « Non, rien de rien, non, je ne regrette rien... »

> « Je suis en psychanalyse depuis quinze mois maintenant et je suis dans une période douloureuse, difficile... Pourtant, je ne regrette pas de m'être lancée là-dedans, et je crois que je ne le regretterai jamais. Pour moi, ça vaut largement ce que je paye, avec mes moyens. Je ne regrette pas. J'ai parfois, souvent, envie de tout lâcher, mais je ne regrette pas. »

Si vraiment il n'y a rien à regretter, pourquoi tant d'insistance sur le mot *regret* ? Quand on est vraiment satisfait de son choix, on éprouve rarement le besoin de le répéter de cette manière.

Inversement ceux qui sont sortis d'analyse, ou sur le point de claquer la porte, confessent naïvement leur déception :

> « Comme je regrette d'avoir poussé, un jour maudit, la porte d'un psy. Quelle bêtise, quel enfer ! »

Cette porte, il est bien plus facile de l'ouvrir que de la fermer.

## Dépendance affective

En plus de la cohérence mal avisée, un autre facteur très important ligote les analysants au divan de leur psy : la dépendance affective.

Cette dépendance est comparable à l'attachement d'un petit enfant à ses parents :

> « Ma psy est comme la maman que je n'ai jamais eue. Ça me fait du bien d'avoir une maman psy. »

> « Mon psy, c'est en quelque sorte papa, celui qui m'a manqué dans mon enfance et mon adolescence... »

Mais autant il est naturel et normal qu'un bambin de cinq ans ait un besoin vital de ses parents, qui l'ont mis au monde, l'aiment et subviennent à tous ses besoins, autant il est étrange et inquiétant qu'un adulte soit ainsi lié à un autre adulte qui l'écoute en échange d'une certaine somme d'argent, et qui sans cet argent, ne lui ouvrirait même pas la porte de son cabinet.

Sans parler du fait qu'il ne lui offrirait même pas un café – mais ça, c'est logique, puisque même en payant le client n'y a pas droit. Et en ce qui concerne les toilettes, ce n'est pas toujours mieux : beaucoup de psys en refusent l'accès à leur clientèle. Si le patient a trop envie de faire pipi, tant pis pour lui.

Mais revenons aux sentiments qui ligotent l'analysant au divan de son psy. Voici d'autres témoignages qui permettent de mieux cerner la nature de sa dépendance affective :

> « Je suis hyperdépendante de mon psy, quand je ne le vois pas je me sens en manque et c'est extrêmement douloureux... Je ne sais pas comment me défaire de ça. »

> « Est-ce que c'est normal d'être obsédée par son psy, d'y penser tout le temps ? Je suis accro à mon psy et ça me bouffe la vie. J'attends tout de lui. C'est tellement douloureux... je ne sais vraiment pas comment gérer ça. »

> « Pendant longtemps, je me suis sentie très dépendante de mon psy et cela me posait problème : je me faisais l'effet d'une droguée... Je me demandais dans quel processus j'étais entrée ; je voyais difficilement ce qui pouvait en sortir de positif. »

*Dépendance, manque, accro, droguée...* les mots choisis révèlent qu'il s'agit d'une espèce de toxicomanie.

Beaucoup d'analysants poursuivent donc leur analyse non parce que sa continuation leur fait du bien, mais parce que son arrêt leur ferait trop de mal. Ils ne payent pas pour aller mieux, ils payent pour éviter la souffrance atroce du manque, qui se fait sentir dès que les séances s'espacent, autrement dit dès que la dose diminue.

Si vous êtes encore tenté de vous lancer dans l'aventure analytique, lisez avec attention les témoignages suivants, ils vous ouvriront les yeux sur ce qui constitue le principal risque de la cure :

> « Une véritable obsession. 24 h sur 24 le psy dans la tête. J'ouvre les yeux le matin, et il est là... ça me saoule ! »

> « Il me faut toujours un temps d'adaptation quand ma psy part en

vacances... Si son absence dure trop longtemps, je suis envahie par un sentiment d'abandon. »

« Ce sentiment est trop intense, démesuré et soudain pour que je puisse le comparer au sentiment normal que je ressentirais envers quelqu'un qui m'aurait fait du bien. C'est un sentiment qui m'insécurise. Il me fait mal. »

« Pour moi, cet amour représente tout pour le moment ; il a donné un sens à ma vie et je ne veux pas qu'il se termine malgré toute la souffrance qu'il me cause. Je préfère déprimer plutôt que mettre fin à la thérapie ; en ce sens, mon transfert bloque ma guérison. »

« J'aime mon psy, je ne vis que pour lui, je le veux dans ma vie, c'est une obsession intenable. Je crève d'envie d'aller le voir, mais ça me fait trop mal de ne le voir qu'en séance... ça s'amplifie de plus en plus et c'est un véritable cauchemar... je suis possédée. »

« Au début, j'avais un attachement pour lui, mais je me sentais libre de le briser. Maintenant, je sens cet attachement comme si j'étais une handicapée qui aurait besoin de lui pour marcher, et même pour vivre. Quand j'y pense, je ressens une douleur énorme. »

« Je revois mon psy dans deux semaines. Je devrais m'estimer heureuse qu'il n'ait pas pris davantage de vacances… Cette attente m'est littéralement insupportable. Il me manque, oui. Je me moque que l'on me prenne pour une folle ; je sais que je le suis. »

« Je suis en thérapie depuis cinq ans avec un psy à raison de deux, voire trois séances par mois. Il m'est arrivé de devoir reporter une séance, ou c'est lui qui a dû reporter une séance. À chaque fois c'est une catastrophe : je supporte très mal le fait de ne pas pouvoir aller à une séance. Comme j'ai déjà beaucoup progressé, je pensais être moins attachée, mais non, je suis toujours dépendante de lui, de cet inconnu qui n'en a rien à faire de moi. »

« J'ai rencontré mon analyste actuel il y a deux ans, après en avoir déjà vu un nombre incalculable. Je l'aime. Je ne survis que pour le voir. Il me berce, je ne parviens à m'endormir qu'en visualisant son visage. Je l'aime, je meurs d'amour. J'ai peur, peur qu'il m'abandonne, peur qu'il meure, peur de mal faire, de mal dire. De lui déplaire. Je sais que c'est un amour vain et factice... Mais je suis prête à tout pour lui. J'ai choisi mon lieu d'études pour lui, pour continuer à le voir autant. Je fais des trajets en train épuisants tous les jours pour lui. Je ne pars plus en vacances pour lui parce que manquer ne serait ce qu'une séance me tue. Littéralement. J'ai peur, peur que ça s'arrête... Je suis mal avant la séance, car j'ai peur que la séance finisse trop vite... J'ai peur tout le temps. Je ne pense qu'à lui. Il est ma seule relation sociale. »

*Obsession, possession, handicap, folie, douleur, souffrance*... les termes peu réjouissants employés par les patients pour décrire le lien affectif qui les enchaîne à leur psy sont hautement significatifs. L'attachement de l'analysant à son psy est un sentiment dégradant, une passion aliénante et destructrice, un truc malsain, quelque chose de pathologique.

## Le mythe du transfert

Cette douloureuse dépendance est-elle l'exception ?
Plutôt la règle.
Les psychanalystes lui ont d'ailleurs donné un nom : ils l'ont baptisée *transfert*. Ce mot donne l'illusion qu'un sentiment préexistant a seulement été déplacé d'une personne (la mère ou le père) sur une autre (le psychanalyste), alors que, comme on vient de le voir, c'est bien plus que ça... et bien pire aussi. Mais le plus grave, c'est que ce *transfert* est présenté comme crucial au bon déroulement de la cure analytique. Du coup, des patients endoctrinés l'acceptent comme normal, et l'appellent même de leurs vœux !
Eh oui : dans le gouffre sans fond du transfert, beaucoup d'analysants se laissent couler sans broncher, persuadés que c'est « bon pour eux ». Prenons le cas de cette analysante :

« J'ai éprouvé de l'amour pour mon psy, ou du moins, c'est ce que j'ai cru. Ce pseudo-amour me bouffait énormément ; j'en devenais malade. Ça m'a vraiment fait peur. Du coup, j'ai pris de la distance, par exemple en pensant à lui avec une autre femme. Finalement j'en suis arrivée à un stade où je le haïssais, tout en souhaitant qu'il pense à moi. Mais après avoir lu quelques bouquins et envisagé ma psychanalyse d'un point de vue psychopathologique, j'ai cessé de voir le psy comme un être à aimer pour le voir comme un toubib... Du coup, là, je ne ressens plus d'amour pour lui. Le problème, c'est qu'avant je ne savais pas que j'étais en plein transfert ; j'ai donc pris l'habitude d'éviter que ce sentiment me submerge complètement pour finalement arriver à ne plus l'aimer, et là je me rends compte que si je n'affronte pas correctement ce problème, je n'en ressortirai pas fortifiée... Est-ce que j'ai annulé le transfert ? Est-ce que j'ai fait une grosse erreur ? Un re-transfert (si je puis m'exprimer ainsi) est-il encore possible ? Cette fois-ci je me laisserai aller. »

Voici donc une femme qui a réussi à se guérir elle-même de la passion malsaine qu'elle nourrissait pour son psy, et qui le regrette ! Après s'est dépêtrée par miracle de sa dépendance, elle s'apprête à re-sauter dans le piège à pieds joints parce qu'elle a « appris » que celui-ci est un « transfert » bénéfique par essence...

Pour être à l'origine de raisonnements aussi tordus, il faut avoir un problème. Freud en avait-il un ?

René Pommier répond oui. D'après l'auteur de *Sigmund est fou, Freud a tout faux* Freud présentait une certaine ressemblance avec un verre à cocktail ; il était givré sur les bords. En d'autres termes, plus respectables, il souffrait d'une maladie mentale, psychopathologie qui perturbait ses facultés cognitives.

Nous verrons plus loin que son cas est même encore plus grave.

## Des inconvénients déguisés en avantages

Les psychanalystes ne se contentent pas de nuire : ils dissimulent aussi très habilement les dégâts qu'ils causent.

Comment ?

Soit en se vantant effrontément des effets les plus nocifs de la psychanalyse (la dépendance pathologique passe ainsi pour un transfert salvateur, on vient de le voir), soit en les présentant comme des difficultés antérieures que l'analyse déterrerait.

Ainsi quand des patients se sentent mal parce que leur psy leur manifeste son indifférence, son impatience ou son dédain, ils croient que celui-ci n'est pour rien dans leur malaise, qui ne serait que la réédition d'une vieille souffrance.

> « J'ai souvent ressenti que mon psy me rejetait. De ces séances, je ressortais déboussolée et anxieuse. En larmes. En parler par la suite en séance m'apportait bien des réponses. Ce n'était pas le psy qui était à l'origine de mon malaise. À vrai dire, j'avais déjà ressenti cela vis-à-vis de plein de gens ! Ce qui resurgissait grâce à l'analyse me permettait de le comprendre ; ainsi je découvrais mes croyances. »

Face à un psy probablement polaire, l'auteure de ces lignes se sent rejetée. Puis, elle découvre comme si c'était une révélation inédite qu'elle a déjà ressenti ce genre de souffrance. En partant de là, elle arrive à la conclusion que l'analyse la révèle à elle-même.

Mais moi aussi, j'ai déjà senti qu'on me rejetait. Et vous aussi, probablement. On a tous été confrontés à des personnes antipathiques un jour ou l'autre. Aurait-il fallu les payer pour les remercier de nous avoir fait prendre conscience qu'elles n'étaient pas les premières à nous maltraiter ?

Et ne croyez pas que c'est la patiente qui, seule, s'est forgé l'idée que, par son comportement désagréable, son psy l'aide à identifier la racine de ses souffrances. C'est la psychanalyse en général, et son psy en particulier, qui lui ont soufflé cette interprétation qui n'a rien d'original.

En déguisant ses (gros) inconvénients en avantages, la psychanalyse prive les analysants de la lucidité qui leur permettrait de s'y soustraire.

## Ferveur religieuse

Lorsque j'étais étudiante en thèse, j'admirais tant la femme de lettres qui était mon sujet d'étude qu'un jour, je me rendis dans un magasin de bondieuseries, j'y achetai un cadre entouré d'ampoules scintillantes et multicolores, et je mis son portrait dedans.

Posée sur une table basse ainsi changée en autel, cette image encadrée et illuminée d'une femme qui vécut il y a quatre siècles devint l'objet de mon adoration. En contemplant le portrait de cette femme admirable, de cette déesse que je m'étais donnée, je me recueillais, je priais.

J'en conviens volontiers avec vous : c'est ridicule.

C'est même grotesque si vous y tenez absolument.

Mais est-ce que nous n'éprouvons pas presque tous le besoin d'aimer quelque chose ou quelqu'un avec ferveur ? Quand ce n'est pas une femme de lettres, c'est Johnny Hallyday, ou l'Art, ou la Science, ou les Traditions, ou le Foot, ou la Gastronomie, ou le Cheval...

Ou la Psychanalyse.

Le comble de la foi, n'est-ce pas de croire sans preuve ? « Je crois parce que c'est absurde », disait Saint Augustin. Beaucoup d'analysants sont fiers de croire aveuglément, en dépit du bon sens, que la psychanalyse les mène au salut :

> « On sait qu'il y a un bout au tunnel. On ne le distingue pas. On ne le devine pas. Mais si on a foi en sa thérapie, on sait que le bout du tunnel existe. »

Mais peut-être que le comble de la foi, c'est plutôt de croire jusqu'au supplice. Par amour pour la psychanalyse, qui serait prêt à mettre sa vie en jeu lors d'une opération à cœur ouvert sans anesthésie ?

Réponse : un psychanolâtre.

> « Je dis toujours que l'analyse est une opération à cœur ouvert sans anesthésie, alors, évidemment, ça fait mal... Si on n'a pas l'impression de mettre vraiment en jeu sa vie, ce n'est pas vraiment une analyse. »

Quand on croit avec ferveur, la souffrance cesse d'être une raison d'arrêter pour se métamorphoser en raison de continuer. Les tourments supportés avec constance par le psychanolâtre lui permettent de prouver la profondeur et l'authenticité de son engagement psychanalytique au cours d'un martyr auquel il ne manque que le nom.

Il est à noter que cette dimension religieuse, la psychanalyse l'a toujours eue. Freud lui-même a dit :

« L'analyse est comme le Dieu de l'Ancien Testament, elle ne peut tolérer qu'il y ait d'autres dieux. »

À partir du moment où l'on commence à adorer ce dieu jaloux, arrêter l'analyse n'est plus envisageable. Ce serait de l'apostasie. La foi religieuse est une raison majeure de continuer l'analyse, *malgré tout*... même envers et contre le plus élémentaire bon sens.

## Peur de souffrir

Quand les analysants ne sont pas rivés au divan par un amour mystique pour la psychanalyse et une confiance fanatiquement aveugle en ses arrêts pseudo-divins, ils le sont par la frousse.

Une peur soigneusement entretenue par l'alarmisme de leur psy et ses prophéties de Cassandre :

« Le psy m'a fait comprendre que si je partais maintenant je souffrirais beaucoup et c'est bien ce qui me retient... Sauf que je me demande si ce n'est pas une manipulation de sa part pour me faire rester ? »

« J'ai terriblement envie d'arrêter, mais le psy m'a dit : "Si vous quittez maintenant, vous risquez de tout oublier, de perdre tout le travail et les acquis de ce qu'on a fait ensemble, etc." il ne cesse de me dire que si je ne vais pas jusqu'au bout je vais le payer, en sous-entendant que je vais souffrir énormément... Alors je me dis qu'il a sans doute raison – et pourtant je n'en peux plus... Il me fait vomir, ce type ! »

« J'ai l'intention de quitter mon psy... Je sais que mon travail n'est pas terminé, mais je suis terriblement bloquée. Je lui ai souvent dit qu'avec une femme, le problème se réglerait en moins de deux, ou du moins que je parviendrais à en parler. Il me dit que j'aurais d'autres blocages et qu'en bout de ligne, j'aurais perdu du temps. Ces dernières semaines, il m'a aussi dit : "Si vous partez, je ne peux plus rien pour vous." Du coup, je doute. Il fait tout pour m'attacher alors que je veux partir sans douleur, sans regret, sans tristesse... Mais voilà, je n'y arrive pas, parce que je crains de me tromper. Je ne voudrais pas regretter mon départ et souffrir d'un transfert non liquidé. »

Parce que le psy est censé avoir des lumières spéciales sur le psychisme de son analysant, il peut se permettre de l'avertir, ou peut-être menacer, à demi-mot : s'il s'en va, il va déguster...

Heureusement, ce sombre pronostic n'est pas confirmé par les faits.

En effet lorsqu'un analysant est démoli par la fin de son analyse, ce qui arrive, c'est presque toujours parce que cette fin lui a été imposée : le psy déménage, prend sa retraite, meurt, ou pour une raison ou une autre refuse de continuer.

Dans les cas de ce genre, le patient vit effectivement très mal la rupture :

> « En février dernier, j'ai eu un moment de résistance. J'ai manqué onze séances et j'ai dit à mon analyste que j'arrêtais le travail – alors que je ne le pensais pas du tout. Bien sûr, j'ai aussitôt regretté ce que j'ai dit. Le problème c'est que lorsque je l'ai rappelée une semaine après, elle a refusé de reprendre le travail. Elle n'a jamais voulu comprendre que j'avais dit "j'arrête le travail" parce que j'avais peur et que j'étais envahie par une tonne de résistance. Elle n'a jamais voulu entendre que je ne pensais pas ce que j'avais dit. J'ai alors plongé dans une grande dépression et j'ai même failli faire une grosse, très grosse bêtise ! »

> « Mon psy déménage et je ne peux pas surmonter l'arrêt de ma thérapie, je ne peux pas accepter cette situation. Son déménagement vient raviver l'abandon de ma mère. C'est un cauchemar que je vis. Lorsqu'un psy s'engage avec un patient, a-t-il le droit de le planter pour cause de déménagement ? C'est un peu facile. En plus c'est la deuxième fois que cela m'arrive ! Est-ce normal ? Est-ce malhonnête ? Quels sont mes recours ? Je dois m'aider moi-même, mais je ne peux pas, c'est mission impossible. Je ne supporte ni abandon ni deuil, je me ressens en quelque sorte comme écorchée vive. C'est comme un bras arraché. »

C'est indéniable : se faire quitter par son psy est une souffrance. Une grande souffrance. Mais lorsqu'on interrompt *volontairement* une analyse, la situation est très différente... et les émotions qui en résultent aussi. Dans ce cas, on est en effet soutenu dans son choix par l'impression agréable et réconfortante de prendre son destin en main, de diriger sa barque.

Dès que nous nous saisissons du gouvernail de notre existence, nous ressentons immanquablement un mélange d'excitation et de plaisir. Les embruns nous rafraîchissent ; l'air du grand large nous balaye le visage. Nous nous sentons nous vivants et indépendants ; nous nous sentons libres.

Ces sensations sont revigorantes, presque exaltantes.

Et n'est-ce pas logique ?

La douleur d'un enfant qui se retrouve orphelin ou d'un adulte qui se fait plaquer par son conjoint est sans commune mesure avec celle d'un jeune qui, par choix, quitte le pavillon de ses parents pour s'installer dans son propre logement ou se sépare de sa copine parce qu'il ne l'aime plus... Et qu'il a rencontré Gudule.

Celui qui part est toujours en bien meilleure posture que celui qui reste ; il est infiniment plus roboratif de prendre l'initiative que de s'adapter aux décisions de l'autre.

C'est d'ailleurs l'une des raisons pour lesquelles les psychanalystes font des pieds et des mains, ou du moins de la langue et de la glotte, pour retenir leurs patients désireux de prendre leur envol : ils ne veulent pas se faire plaquer, ils ne veulent pas *subir*.

Sans parler du vide aucunement sentimental qu'un tel départ laisserait dans leur compte en banque.

## Le piège

Pour toutes les raisons que nous venons d'évoquer, une fois happé par la psychanalyse, il est très difficile de s'en dégager :

> « Je n'arrive pas à m'en détacher, et pourtant la psychanalyse n'est pas faite pour moi. »

> « Une analyse est tout sauf une partie de plaisir. Oui c'est facile de la commencer, mais il y a des moments où l'on aimerait ne jamais avoir mis l'orteil dans l'engrenage. »

> « La psychanalyse n'est qu'un palliatif... je vois à présent qu'elle ne

m'apporte pas grand-chose. Cet engrenage m'a protégé, a retardé les échéances, mais n'a jamais rien changé. Trouverai-je jamais la force d'en sortir ? »

« J'ai eu une première séance et j'ai mis le doigt dans l'engrenage... Le psy ne m'a pas vraiment donné le choix. Il ne m'a pas demandé : "On se revoit ou pas ?" Devrais-je dépasser le transfert ? Peut-être, peut-être pas. Je suis pris dans un carcan insupportable, ce que je déteste... Rester comme partir me paraît être une fuite... Rester en dépassant tout ça est probablement la solution, même si c'est un risque. Tant que le psy ne commet pas de véritable erreur, je ne peux pas vraiment lui en vouloir, et donc j'accepte de rester dans cette soumission. »

Le divan est recouvert de super glu. L'analyse est un piège à désespérés. Encore un. Tout se conjugue pour retenir l'analysant :

- la force de l'habitude,
- la peur du changement,
- la peur de faire une erreur,
- la peur de se retrouver seul face à lui-même,
- la difficulté de s'avouer qu'il s'est trompé de route,
- la peur de perdre « le seul moyen » qu'il lui reste (croit-il) d'aller mieux,
- la crainte d'être submergé par la souffrance et accablé par un « transfert non liquidé »,
- la peur de perdre les fruits d'un investissement de plusieurs mois ou pire de plusieurs années,
- la peur de faire preuve de « lâcheté » en « fuyant » – comme s'il était plus courageux de payer pour se faire démolir...,
- la peur de ce que le psy lui dira, la peur de l'affrontement, la peur de rater sa sortie : comment tirer sa révérence avec classe ?
- Un attachement démesuré à son psy, qui est parfois la seule personne à qui il ouvre son cœur, et un sentiment de fidélité qui l'empêche de le « trahir » en le quittant,
- le souci de faire preuve de cohérence dans ses choix, la volonté d'aller « jusqu'au bout » (de ses ressources financières ? de sa vie ? de celle de son psychanalyste ? ce bout-là n'ayant

jamais été déterminé, il recule à mesure qu'on avance, comme l'horizon) et la peur de passer pour velléitaire.

Comme vous pouvez le constater, derrière la plupart des idées fausses qui enchaînent les analysants à leur divan de souffrance, on retrouve la peur. Une peur qui prend tant de visages qu'ils ne la reconnaissent pas pour ce qu'elle est, et trouvent donc rarement la force de la surmonter.

Mais vous, vous n'êtes pas, ou vous n'êtes plus, dans leur situation. À l'instar de l'illustre Jules César, vous pouvez dire : « Veni, vedi, vici le psy. » Vous êtes venu, vous avez vu, et vous avez vaincu. Ou vous vaincrez bientôt. (Passé, futur... au bout du compte, il n'y a que la date qui change ; nous sommes le passé de demain.)

## À retenir

• Ce qu'on appelle « transfert » mériterait mieux le nom de « dépendance affective » ou de « toxicomanie ».
• Conditionnés par les mensonges freudiens, les analysants s'imaginent que leurs nouveaux problèmes, qui sont dus à la psychanalyse, sont en réalité des solutions que celle-ci leur apporte.
• Parce qu'ils ont foi en la psychanalyse, certains analysants seraient prêts à se faire crucifier pour elle. Il n'est pas certain que ce soit le moyen de ressusciter à Pâques.
• La peur de faire une erreur et d'en payer le prix est parfois excessivement coûteuse.

## Conseils

▶ N'ayez pas peur.
▶ Vous avez peur quand même ? C'est un peu le cas de tout le monde, et ce n'est pas une raison pour subir passivement ce qui vous mine. Un sage (Sénèque) a dit : « ce n'est pas parce que c'est difficile que nous n'osons pas, c'est parce que nous n'osons pas que c'est difficile... » Alors, lancez-vous

malgré la peur : tremblez, mais osez !

# 7. CONDITIONNEMENT

Après plusieurs mois ou années de cure, le patient ou client a changé, parfois beaucoup. Il n'est plus le même.

C'est le but, me direz-vous...

En effet.

Mais si l'analysant qui commence savait à l'avance ce qu'il allait devenir, il serait probablement moins motivé qu'il ne l'est. Il espérait une transformation, une illumination, un épanouissement de sa personnalité profonde, mais au bout du compte, au lieu de déplier ses pétales tel une radieuse fleur de lotus, son Moi se retrouve réprimé et comprimé comme un saucisson dans son emballage sous vide.

## Une influence invisible

Parce que son psychanalyste parle peu, le patient a l'impression de tirer de son propre fonds les idées qui surgissent au cours des séances :

> « Une thérapie est avant tout un travail sur soi ; le psy n'est qu'un outil. »

> « Mon psy m'aide, mais seulement comme un support. Il ne me dirige pas. À travers son questionnement il m'amène à chercher là où je ne pensais pas à chercher, ce qui me permet d'extraire mes propres opinions. »

> « Le rôle d'un psy n'est pas de nous dire ce qui ne va pas chez nous, mais de nous aider à le trouver nous-mêmes. Toutes les réponses sont en nous ; il ne les détient pas à notre place. Il est juste le catalyseur qui va nous permettre de découvrir ces réponses. »

Cette non-influence à laquelle tant de patients croient est un mirage qui contribue à renforcer le pouvoir occulte de leur psy :

on se fait d'autant plus influencer qu'on croit ne pas l'être.

# Les effets du dispositif psychanalytique

Dans le dispositif freudien classique, le patient est couché sur un divan et le psy est placé derrière lui. Pourquoi derrière ? Est-ce pour mettre le patient à l'aise ? Ce serait un moyen bien paradoxal d'y parvenir, mais passons. Tandis que le patient parle de sa vie la plus intime, le psy invisible reste muré dans son silence tel un sphinx indéchiffrable. De temps en temps, il lâche seulement un « hum », un « oui », un « et ? », ou une petite remarque ambiguë.

Comme tout autre rituel au protocole immuable, ce dispositif a des effets bien précis sur ceux qui le suivent.

## Déstabilisation

Raconter sa vie et ses souffrances à un inconnu invisible et silencieux, c'est un peu comme se montrer en sous-vêtements devant un inconnu boutonné jusqu'au cou. Même si on ne se rend pas compte qu'elle a cet effet-là, la situation est déstabilisante et même humiliante.

> « J'hésite beaucoup à retourner voir quelqu'un. Le caractère intime à sens unique me dérange. Lorsque je dois me confier et me dévoiler à un étranger, je suis mal à l'aise... Je trouve cette situation embarrassante et en quelque sorte affaiblissante. »

*Affaiblissante,* c'est bien le mot. L'asymétrie de la relation psychanalytique fragilise ceux qui y entrent. Bien sûr, c'est encore pire quand le psy profite de la situation :

> « Ce psy m'a vraiment aidée. Mais il y a quelques semaines, il m'a dit : "Ça ne doit pas être désagréable de dormir avec vous toute nue...", puis d'autres petites phrases de ce genre. Depuis je ne me sentais plus très à l'aise en séance, et je faisais des rêves où il faisait intrusion dans mon intimité. Après lui en avoir parlé et lui avoir expliqué mon malaise, il m'a dit que je faisais un transfert, que dès que je voyais un homme j'étais en état de surprotection, qu'il n'était pas un danger pour moi, que je pouvais me "mettre à

nue" devant lui sans rien craindre. »

Si ce psy s'est permis d'introduire la limace de ses désirs gluants dans la relation thérapeutique, c'est parce que l'intimité à sens unique qui caractérise la psychanalyse l'y invite. Cette intimité unilatérale favorise tous les abus.

## De patient à croyant

Quand un patient entre dans le cabinet du psy, il est souvent déjà convaincu que celui-ci est doté d'un savoir spécial, d'une puissance de pénétration psychologique presque surnaturelle qui le rendrait capable de lire au fond de sa personnalité par des moyens inconnus.

Ce préjugé facilite l'instauration d'une relation d'adorateur à adoré : petit à petit le psy se retrouve investi du rôle de Dieu le Père, tandis que son patient se change, comme on l'a vu, en dévot fervent. La divinisation du psy n'est cependant pas imputable au seul patient ; elle lui est imposée par les règles du jeu psychanalytique. C'est la logique de la situation qui le conduit à idéaliser, puis à idolâtrer son psy. Le patient joue dans le cabinet le rôle d'un adorateur soumis qui fait entièrement confiance à son dieu – et petit à petit, c'est ce qu'il devient : un analysant soumis qui fait entièrement confiance à son psy.

Comment le dispositif psychanalytique induit-il une telle métamorphose ?

Un croyant confie ses pensées les plus secrètes à Dieu, qui est invisible et qui ne lui répond pas – ou qui lui répond d'une manière allusive et énigmatique. La relation patient-psy est comparable, puisque le patient confie ses pensées les plus secrètes à son psy, qui est invisible et qui ne lui répond pas – ou qui lui répond d'une manière allusive et énigmatique.

Autre similitude : un croyant s'agenouille ou se prosterne devant Dieu, tandis que le patient se couche devant son psy : dans les deux cas, une attitude de soumission.

Sur l'île de Pâques et ailleurs, des peuples indigènes ont

longtemps adoré des statues auxquels ils offraient des objets de valeur, de la nourriture, etc., et dont ils craignaient les réactions et les décisions, malgré leur silence et leur immobilité de pierre. Le psy lui non plus ne dit pas grand-chose, ne fait pas grand-chose, et pourtant son patient le craint, le respecte, et lui offre de l'argent, non comme un salaire auquel il aurait droit en échange d'un service qu'il rendrait, mais plutôt comme une offrande visant à apaiser une divinité potentiellement courroucée, ou comme un sacrifice à un dieu qu'il voudrait se rendre propice.

Bien sûr, avoir affaire à un patient qui le vénère est fort agréable pour le psy. Pour l'analysant, beaucoup moins.

En général, on va chez un psy pour devenir psychologiquement plus fort, moralement plus robuste. S'illusionner sur la nature de son thérapeute en le prenant pour une incarnation divine, un dieu fait homme, n'est pas le meilleur moyen d'atteindre ce but, vraiment pas.

Si le psy était réellement doté de qualités divines – s'il avait réellement la sagesse et l'omniscience dont son patient le croit doté –, ce ne serait pas si grave... Mais le psy n'est qu'un être humain modèle courant, et lorsqu'on se prosterne physiquement ou mentalement devant quelqu'un qui ne le mérite pas (et qui le mérite ?) on en paye toujours le prix.

### De patient à enfant

Nous avons aussi vu que l'analysant considère son psy comme un « papa » ou une « maman ». Dominique Fisher, auteur d'une enquête sur la psychanalyse, remarque :

> « On dirait que tout est fait pour maintenir les analysés dans un état d'infantilisation, d'absolue dépendance et d'insécurité pathologique. »

En jargon psychanalytique, cette métamorphose du patient en bambin admiratif, craintif et soumis s'appelle une « régression ». Régression *nécessaire*, bien sûr...

Dans cette infantilisation, le dispositif psychanalytique joue un rôle essentiel. À l'image d'un bébé trop petit pour se tenir assis tout seul, l'analysant est à l'horizontale. Il « associe ». En d'autres termes, il babille sur tout et sur rien. Parfois, il pleure. Pendant ce temps, son psy, qui reste invisible, l'écoute d'une oreille distraite ou somnole, telle une jeune mère près du berceau de son nouveau-né.

Bref, la situation est intrinsèquement infantilisante.

De plus, le psychanalyste se pose souvent en père ou mère de substitut. Les vrais étaient ratés, dit-il ou insinue-t-il, mais lui est le père (ou la mère) idéal : il comprend tout, il sait tout... et en dit le moins possible, pour que son patient continue à le croire omniscient. Si les psys jacassaient comme des pies, cette illusion se dissiperait bien vite. C'est pour cela qu'ils sont si radins de leurs mots.

Naturellement, avoir affaire à un simili-enfant plutôt qu'à un adulte éventuellement rétif est plus facile, confortable et valorisant pour le psy. Mais pour le patient ?

Qu'a-t-il à gagner à redevenir ce qu'il était ?

Quand bien même il serait acquis que tous nos problèmes actuels soient des résurgences ou des résidus d'enfance, nous aurions encore intérêt à conserver notre lucidité d'adulte. On ne peut pas construire une existence satisfaisante avec une mentalité de marmot. Pour mettre de l'ordre dans son esprit et dans sa vie, il faut plus de clairvoyance et de volonté qu'on n'en avait à la maternelle.

Le but ultime de tout thérapeute devrait être d'aider ses patients à accéder à plus de sagesse et de force. Pas de leur faire réintégrer leurs couches-culottes .qui sont retournées à la Nature d'une manière ou d'une autre depuis longtemps, espérons-l, pour la planète...

## Les effets des associations psychanalytiques

Couché sur le divan, le patient se doit « d'associer » selon la technique inventée par Freud : il parle à bâtons rompus, passant du coq à l'âne en se laissant guider par des associations d'idées. Cette technique, quand on la pratique avec persévérance, n'est pas sans causer des dommages collatéraux.

### *Dispersion mentale*

C'est évident, mais parfois on l'oublie : dans les études, mais aussi dans la vie, on a besoin de faire preuve de concentration. C'est vrai pour moi comme pour vous, comme pour tout le monde. C'est en concentrant les rayons du soleil qu'on obtient une étincelle, et c'est en concentrant son esprit qu'on le rend perçant et efficace. Pour comprendre et résoudre n'importe quel problème, il est nécessaire de fixer son attention dessus pendant un certain temps sans s'en laisser distraire. Il n'y a pas de méthode alternative.

Or lorsqu'on pratique les associations libres, on s'entraîne à faire exactement le contraire.

Au lieu de focaliser son attention sur un seul sujet, on l'incite à se disperser, à dériver et zigzaguer en tous sens comme une abeille ivre. La technique des libres associations défait et disperse le mental de ceux qui s'y livrent ; elle émousse leur intellect en les rendant plus distraits et tête-en-l'air.

Et même pire.

D'après Jacques Van Rillaer, ex-psychanalyste, « appliqué avec rigueur, le procédé des associations freudiennes devient vite affolant. Il désagrège, il pulvérise la vie psychique. » Les surréalistes, qui dans les années vingt pratiquaient les associations libres par écrit, ont eu l'occasion de s'en apercevoir. Ils ont arrêté de justesse, avant de sombrer dans la folie ou le suicide. De même, l'analysant qui « associe » avec zèle travaille contre lui-même. Il sabote ses facultés mentales. Il abîme sa raison. Les associations psychanalytiques l'éloignent de la saine raison.

Bref, quand on dépasse le cadre étroit de l'analyse pour envisager les choses dans une perspective plus large, celle de la vie dans son ensemble, les « associations » apparaissent comme contre-productives. Elles sont nocives.

## Les effets du ressassement psychanalytique

Vous le savez si vous en faites une : en analyse, on ressasse beaucoup.

Si un psy encourageait son patient à se remémorer ses meilleurs souvenirs d'enfance – le moment où il a placé pour la première fois l'étoile à la cime du sapin scintillant, le moment il a découvert qu'une gaufre, c'est vingt fois plus gros et plus charnu qu'une gaufrette, que la mer, c'est mille fois plus grand et plus beau qu'un lac, que la vie, c'est plein de possibilités fantastiques qu'on n'avait même pas imaginées –, le patient sortirait des séances avec le sourire.

Mais l'enthousiasme et la joie n'intéressent pas les psychanalystes ; ce qu'ils veulent, ce qu'ils cherchent et donc ce qu'ils trouvent, ce sont des drames et des larmes.

Lors des séances, les patients rabâchent donc leurs souvenirs les plus amers. Ils repassent leurs malheurs au ralenti, appuyant sur la touche « pause » pour examiner de plus près une image particulièrement pénible, revoyant et revivant le pire de leur existence à la recherche de ce qui leur permettra de le comprendre :

> « Lorsque j'étais petite, on m'a contrainte à consulter ; ce fut un fiasco total. À mes yeux la parole n'est pas synonyme de délivrance, surtout lorsqu'il s'agit de monologues interminables qui ne servent qu'à ressasser une réalité grisâtre et une forme de désespoir. »

### *Des plaies qui s'enveniment*

Est-il vraiment étonnant que les analysants sortent démoralisés d'un tel exercice – surtout quand celui-ci se répète pendant des mois, voire des années ?

Des découvertes en neuroscience ont révélé que plus on se

remémore un souvenir, plus celui-ci se renforce. Un peu comme lorsqu'on passe et repasse dans un champ de blé en suivant toujours le même trajet : petit à petit un chemin s'y dessine. Ou comme une boule de neige : plus on la fait rouler, plus elle augmente. Ce n'était d'abord qu'une poignée de flocons ; elle sera bientôt assez grosse pour faire office de bedaine ; le bonhomme de neige sera bientôt terminé.

Lorsqu'ils ressassent à haute voix leurs malheurs devant leur psy, comme celui-ci les incite à le faire, les analysants leur accordent une attention qui les fait croître, qui les rend plus considérables, plus significatifs, qui les grave plus profondément dans leur esprit, leur cerveau.

Ils s'engluent ainsi dans de vieilles rancœurs, des griefs poussiéreux et moisis contre leurs conjoints, ex-conjoints, amis, parents, collègues, voisins, chiens, chats, poissons rouges. Les plaies qu'ils grattent s'enveniment : en cherchant à expliquer leur infortune, ils la justifient et l'approfondissent, jusqu'à ce qu'elle les ensevelisse.

### Un avenir plus sombre

Autre conséquence inattendue, mais logique : ce triste passé se change en projet et ces mauvais souvenirs, en avenir.

En effet un objectif, c'est ce que l'on regarde, ce que l'on voit dans son objectif (la polysémie du mot *objectif* est ici révélatrice). Du coup, se concentrer sur ce qu'on n'aime pas, c'est se diriger vers ce qu'on ne veut pas. Lorsque, guidés par leur psy, les analysants focalisent toute leur attention sur ce que l'existence leur a réservé de pire, le malheur devient leur point de mire et en quelque sorte leur cible.

## Les effets de l'idéologie psychanalytique

J'espère que vous êtes encore frais et guilleret, car nous n'avons pas encore fait le tour de tous les effets néfastes de la

64

psychanalyse.

## *Trouble dissociatif de la personnalité*

Suivre une thérapie d'inspiration freudienne, c'est couler son esprit dans un moule bien particulier : un moule polycéphale. En effet les psychanalystes sont imprégnés des idées de Freud, idées qu'ils communiquent délibérément ou non à leurs patients, et ces idées tendent à morceler la personnalité de celui qui les adopte.

Un beau matin, quand la pâte a fini de cuire, autrement dit quand l'analysant est complètement conditionné par la pensée freudienne, c'est un peu comme s'il se réveillait avec trois têtes – ou davantage. Quand il se regarde dans le miroir de la salle de bains, son visage n'est plus tout à fait le même, car ce qu'il devine, ou croit deviner, en dessous est différent. Il se sent moins lui-même que la somme abstraite des sous-personnalités dont son psy lui a révélé l'existence : un être vaguement monstrueux qui ne sait plus qui dit « je » quand elle parle.

Il y a le moi ; il y a le surmoi ; il y a le ça. Il y a le conscient ; il y a l'inconscient... Il y a beaucoup trop de monde !

Notons au passage que la psychanalyse n'est pas la seule psychothérapie à diviser le Moi en diverses instances. L'analyse transactionnelle le fragmente en enfant, adulte, et parent. Et pour ceux à qui ça ne suffirait pas, ceux qui cherchent la foule pour échapper à la solitude, il y a le parent critique positif, le parent critique négatif, le parent nourricier positif et le parent nourricier négatif. Qui plus est, l'enfant, l'adulte et le parent ont eux-mêmes chacun un enfant, un adulte et un parent – un peu comme la Vache qui rit aux boucles d'oreille en Vache qui rit...

Mais la manière dont le Moi est divisé importe moins que le fait qu'il le soit, divisé. Fragmenté. Une scission qui suscite malaise et impuissance.

Malaise, car même si, d'après les psys, nous fonctionnons tous sur cet étrange modèle, il est difficile d'accepter sereinement ce commencement de trouble dissociatif de la personnalité.

Le bon sens et l'intuition persistent à nous souffler à l'oreille qu'avoir plusieurs têtes (ou plusieurs personnalités, ce qui en un sens revient au même) n'est pas vraiment normal : il n'y a que les hydres, les cerbères et les autres créatures bizarres de ce genre qui en ont plus d'une…

Impuissance, car l'individu ainsi divisé est de plus en plus fasciné par le mélodrame intérieur dont son psy lui a appris l'existence et les protagonistes. Le parent intérieur gronde l'enfant intérieur, qui riposte en lui tirant la langue et en allant bouder dans un coin de la psyché ; le ça intervient niaisement en disant « ça parle ! ça parle ! » ; l'adulte hausse les épaules et se demande ce qu'il est venu faire dans cette galère ; le sale gamin intérieur (lui-même issu de l'enfant intérieur) revient pour donner un coup de pied au parent intérieur, qui immédiatement se change en Grand Méchant Loup intérieur et bouffe tout cru le ça, dont un bout tombe dans l'Inconscient qui se referme avec un bruit effrayant...

Et pendant ce temps, dans une autre dimension, l'individu ainsi éparpillé ne fait rien. Il est juste couché sur son lit, les yeux dans le vide.

Lorsque l'attention se focalise sur les conflits du dedans, il n'en reste plus assez pour étudier et comprendre le monde du dehors, ni pour surmonter les défis complexes qu'il nous lance. La personne qui se laisse fasciner par ses chicanes intérieures, dissensions que son psy lui a appris à mettre en scène, est comme paralysée. Et même si on peut résumer ses conflits intrapsychiques sous une forme humoristique, ce qu'elle vit n'a vraiment rien de drôle. La preuve :

> « En psychanalyse, on dit que "le Moi est tourmenté par le Surmoi. Et que du même coup, il se défend contre le ça qui, lui, cherche à contourner la censure." Or trois instances se sont effectivement développées en moi, trois instances qui ressemblent étrangement à celles-là. Elles ont toutes trois une emprise sur mon corps et se remplacent tour à tour pour penser. Le Surmoi, que j'appelle Élodie (de mon vrai prénom), est, effectivement, comme le disent tous livres sur le sujet "l'héritière de toute la morale".

C'est elle qui a le plus souvent le contrôle du corps et qui y a vécu le plus longtemps sans la présence des deux autres. Elle n'a aucun a priori contre Maab qu'elle pense être un bon compromis, mais trouve le comportement de Kath dégoûtant. Le Moi, Maab, n'approuve pas forcément Kath, mais ne la réprime pas pour autant. Par contre, elle dénigre constamment Élodie cherchant même à la pousser au suicide (et elle n'est pas loin d'y arriver). Elle ne prend que très rarement possession du corps voire jamais, mais donne son avis sur les actions d'Élodie. Enfin, le ça, Kath, représente toute les pulsions sexuelles d'Élodie. Kath n'a aucune limite et, contrairement à Élodie et Maab, ne se soucie jamais des autres. Elle prend possession du corps pendant des intervalles de plus en plus longs... Ces trois personnalités s'entre-déchirent, car aucune ne se comprend. L'une d'elles vient même de me menacer de me tuer dans six jours. Est-ce que sous l'emprise d'une forte névrose mon ça, mon moi et mon surmoi sont devenus indépendants ? Ou est-ce une psychose qui fait que ma personnalité s'est triplée ? Est-ce un début de folie ? Que dois-je faire ? J'avais commencé une psychanalyse, mais on n'avait pas vraiment d'atomes crochus alors j'ai dû arrêter... »

À fréquenter un psy et à potasser des livres de psychanalyse, tout ce qu'Élodie a gagné, c'est une sous-personnalité qui veut la tuer ! Si c'était ça la cagnotte du loto, qui voudrait encore y jouer ?

## *Unicité*

La réalité est heureusement plus simple que ces théories embrouillées et embrouillantes.

La division du Moi est une illusion parfois tenace, mais en fin de compte, c'est une illusion. On peut se comporter comme si on était différents individus, on peut se sentir partagé entre différents aspects de sa personnalité (surtout quand on commet, comme Élodie, l'erreur de leur donner des noms différents), mais tout ça ne change rien à la vérité : un individu est, comme son nom l'indique et bien plus que n'importe quelle République, *un et indivisible.*

Vous n'êtes pas deux, trois ou quatre personnes. Vous êtes un être humain.

Un seul.

Une personne est une personne, avec une volonté, une identité, une date de naissance et une date de mort. Nos sous-personnalités ne sont que des exagérations de la diversité de nos émotions, aspirations et compétences : ce sont nos croyances, nos états d'âme et nos souvenirs qui sont multiples, comme les facettes d'un diamant unique.

## Le poison du doute

L'idéologie psychanalytique ne se contente pas de fragmenter la psyché ; elle y instille aussi le poison du doute. Corrompant l'atmosphère, elle fait régner la suspicion à tous les étages.

Par exemple quoi de plus naturel, quoi de plus pur, que l'amour d'un marmouset joufflu aux yeux ronds pour sa maman ?

Hé bien selon les psychanalystes, cet amour n'est pas de l'amour.

Si vous lisiez ce que dit la fameuse psychanalyste Melanie Klein (1882-1960) à propos de ce qui se passe dans la tête d'un nourrisson quand il pense à sa mère – car selon elle, il pense, il calcule, il complote, ce Marquis de Sade miniature – vous seriez atterré. Ce n'est qu'excréments, que haine et que sang... Selon Melanie Klein, le nourrisson voit sa mère comme un « objet » qu'il hait et à qui il rêve de faire subir les pires sévices.

Et il n'y a pas que l'amour des bébés qui est ainsi radicalement réévalué à la baisse. Quand les psychanalystes épluchent les sentiments tendres, ils font les épluchures si épaisses qu'il n'en reste rien.

L'amitié ? De l'homosexualité qui ne dit pas son nom.

L'amour filial ? Une pulsion homicide recouverte par des couches d'inconscience et de culpabilité.

L'amour maternel ? Un égoïsme forcené et dévorant qui frôle le cannibalisme.

L'amour conjugal ? Un besoin malsain, une dépendance

toxique et mortifère.

Le dévouement, la tendresse, la gentillesse ? Ça n'existe pas. Ou c'est le contraire.

Dans la perspective psychanalytique, ce qui semble positif est en réalité négatif, et ce qui semble négatif est en réalité pire. Dans cette perspective, les sentiments, pensées et comportements naturels et normaux sont systématiquement présentés comme l'expression détournée de désirs malsains et/ou d'une haine destructrice.

Un psychanalyste ne supposera jamais que nous refoulons le désir de repeindre notre chambre en blanc, de faire une déclaration d'amitié à notre voisin ou de planter des groseilliers au fond de notre jardin.

D'après lui, ce qui mijote dans les profondeurs obscures de notre Inconscient, c'est plutôt l'envie d'étrangler notre frère avec les intestins de notre belle-mère – ou tout autre projet convivial et bon enfant du même genre. Les adeptes de la psychanalyse l'affirment avec un aplomb sans faille : c'est un nid de serpents qui siffle dans nos têtes, un entrelacs de crapauds à pustules qui grouille dans nos âmes.

Bref, la psychanalyse promeut une vision cauchemardesque et horrifique de la nature humaine.

Du coup, l'analysant se met à douter des autres et de lui-même. Il devient de plus en plus cynique, voire paranoïaque, tout en s'interrogeant avec angoisse sur la nature de ses « désirs inconscients ».

## Parenthèse sibérienne

Je change de sujet deux minutes, mais c'est pour mieux y revenir.

Avez-vous déjà rêvé de partir loin, très loin, dans un endroit vraiment sauvage ?

Quitter ce monde confus et obscur pour rejoindre son âme purifiée par la pluie et la neige, nettoyée de toutes les théories qui la salissent, de tous les mensonges qui l'engluent, de tout le mal dont injustement on l'accuse...

Dans le Grand Nord, loups et caribous n'ont jamais été psychanalysés, n'ont jamais été approchés par le moindre psychanalyste. Là tout est encore vierge, naturel, vrai, immaculé comme la neige et le vent. Et les nuages bougent dans le silence, voilant et dévoilant l'éclatante lumière du soleil, comme s'ils voilaient et dévoilaient une vérité première, essentielle.

Là, la civilisation est réduite au minimum. Elle est seulement un moyen de vivre. Ce n'est pas une agression contre l'humanité, c'est un abri pour l'humanité.

Une maison isolée.

Un feu de bois.

Une route que l'on emprunte avec gratitude.

Là, la civilisation c'est le don d'hommes à d'autres hommes, l'ingéniosité au service de la survie. Ce n'est pas une panoplie mortelle, subtilement malsaine, mise au point pour tuer l'âme bien avant le corps. Là, la civilisation est seulement ce qu'elle devrait être : un effort de chacun pour faciliter la vie de tous.

## Une hypothèse

Après cette bouffée d'oxygène, revenons à la psychanalyse. Elle suppose notre perversité foncière, et le caractère immoral de nos désirs secrets. Mais si ce qu'on avait refoulé, trop profond pour en garder conscience, ce n'était pas la perversion, mais l'altruisme ?

Pas la haine, mais le dévouement ?

Pas l'envie de tuer-son-père-pour-coucher-avec-sa-mère, mais celle d'aider sa mère à préparer une tarte aux pommes, ou d'offrir à son père le catamaran dont il a toujours rêvé (ou l'inverse) ?

Dans une société individualiste qui prône le coupage de cordon, l'autonomie à tout prix et une relative indifférence à l'égard de nos géniteurs, boucs émissaires de tous nos problèmes psychologiques, ce serait assez logique... Ce qui est sûr, en tout cas, c'est que sous l'influence de la psychanalyse, des millions de gens se croient plus pervers qu'ils ne le sont, plus mauvais que nature.

---

## À retenir

- La psychanalyse mène à la psychanolâtrie.
- Elle ramène aussi au stade du « areuh, areuh ».
- Confier tous ses secrets à un inconnu mutique est une stratégie qui ne peut pas donner de bons résultats.
- Mâcher de la viande la réduit en bouillie, mais remâcher un souvenir lui donne plus d'épaisseur et de consistance.
- Un esprit dispersé s'affaiblit.
- Nous sommes moins divisés, et aussi moins méchants, que la psychanalyse ne le prétend.

---

## 8. DE LA DROGUE À LA DROGUE

Même si c'est difficile à imaginer a priori, le mythe psychanalytique de l'Inconscient joue un rôle non négligeable dans l'alcoolisme et d'autres formes de toxicomanie. Pourquoi, et comment ? Lisez la suite pour le découvrir.

### Ouvrir l'Inconscient

L'alcool permettrait-il de libérer l'inconscient ?
C'est ce que croit l'auteure de ces lignes :

> « Quand je bois trop d'alcool, je suis capable de passer toute une nuit à faire la fête avec des gens sans me rendre compte de ce que je fais. Dans ces circonstances je suis aussi très agressive avec mon ami, alors que je l'adore. Je pense avoir compris pourquoi : mon comportement est celui de mon Inconscient… l'alcool ouvre mon Inconscient. »

D'après cette jeune femme, la cause principale de son comportement quand elle a bu, ce ne serait pas l'alcool, mais les forces obscures de son Inconscient...

Cette idée est-elle uniquement le fruit biscornu d'une imagination déréglée par la bibine ?

Pas du tout. Beaucoup de gens qui ne sont pas alcooliques (enfin... pas encore) pensent la même chose :

> « L'alcool ouvre l'inconscient. »

> « Sous l'emprise de l'alcool, on est dans un état où l'inconscient est complètement ouvert, un peu comme lorsqu'on rêve. »

Permettez-moi de poser une question futile : si l'alcool est comparable à un ouvre-boîte, comme ces citations le laissent penser, à quoi l'Inconscient est-il comparable ? Peut-être à une boîte de conserve. Du poulpe dans son encre. Ou du crabe.

Vérifiez si la boîte n'est pas périmée : l'Inconscient est plein de désirs archaïques.

Cette conception de l'alcool comme « ouvre-inconscient », on la trouve même chez des médecins. Dans les années trente, et jusqu'aux années cinquante, des psychiatres droguaient leurs patients aux barbituriques dans le but avoué d'accéder à leur inconscient. Ils avaient même donné un nom à cette pratique hallucinante à tous les sens du terme : *narco-analyse*. De nos jours, on peut lire sur un site médical :

> « Les patients alcooliques ont de fréquentes irruptions de l'inconscient : rêves, hallucinations, crises de delirium. »

Bref, c'est toujours la même thèse : l'alcool ou la drogue libérerait l'Inconscient qui ferait ainsi irruption (en rugissant) dans la réalité...

## Une idée fausse

Quoiqu'elle séduise jusqu'à des médecins, cette idée est erronée. Le psychiatre Joseph Wortis (1906-1995) l'a souligné à juste titre :

> « En état d'ébriété, l'homme ne dévoile pas sa vraie nature : il révèle uniquement la personnalité qu'il a quand il est ivre. »

Si vraiment l'alcool permettait de libérer « le psychique lui-même et son essentielle réalité », pour reprendre les mots utilisés par Freud pour parler de l'Inconscient, le comportement et les propos d'une personne alcoolisée refléteraient sa nature profonde, a priori différente de celle de toute autre personne. Or, il n'en est rien : le comportement et les propos d'un individu intoxiqué ressemblent fort au comportement et aux propos d'un autre individu intoxiqué. C'est toujours le même genre de logorrhée, de vantardise, de sentimentalité débordante, d'agressivité ou de mélancolie.

Quand on rencontre un pochard, on a beaucoup moins l'impression de rencontrer un être humain pleinement réalisé qu'un être hébété, zombi qui a laissé sa personnalité singulière et unique au fond d'une bouteille.

L'alcool n'ouvre pas les portes de l'Inconscient – il plonge dans l'inconscience. L'alcool ne libère pas les pulsions agressives refoulées dans l'Inconscient – il rend impulsif et agressif. L'alcool ne permet pas de mieux se connaître ni de devenir soi-même – il abrutit et dépersonnalise.

Les hallucinations, les crises de délire, l'agressivité et l'inconscience qui font suite à la consommation d'alcool ou de stupéfiants ne sont pas des manifestations de l'inconscient, mais les tristes effets de ces substances, rien de plus et rien de moins.

## Une idée pernicieuse

Les idées fausses font toujours des dégâts, mais celle selon laquelle l'alcool ou la drogue libérerait l'Inconscient est particulièrement pernicieuse.

Quand on est aveuglé par cette illusion, on sous-estime ou on nie les effets dévastateurs de ces substances sur le cerveau. Comme on prend toutes les conséquences de leur consommation pour des manifestations de son Inconscient, on ne se rend pas compte que ces substances détruisent l'intelligence et la logique, engourdissent la conscience et désorganisent le cerveau.

Certains vont même encore plus loin en mettant les choses à l'envers :

> « L'alcool développe l'inconscient... et donc peut-être une partie des 90 % du cerveau qui ne sont pas utilisés. »

Voyez-vous à quel point le mythe de l'inconscient fausse l'esprit de ceux qui y croient ? À cause de ce mythe, l'auteur des lignes ci-dessus s'imagine que l'alcool stimule et développe les capacités cérébrales ! Quelqu'un qui croirait qu'en allant vers le Nord on se dirige vers le Sud ne serait pas plus à l'Ouest.

## Incitation retorse

Croire à l'existence de l'Inconscient freudien n'amène pas seulement à nier les ravages de la drogue. Cette croyance illusoire incite aussi plus directement à en consommer. Pour comprendre comment, imaginons quelques instants que vous adhériez à cette théorie fuligineuse, pour ne pas dire fumeuse, ce qui j'espère n'est pas le cas... (Si vous y croyez encore, vous en serez bientôt libéré.) Étant d'un naturel curieux, vous avez envie de savoir ce qui se cache dans votre Inconscient. C'est légitime. Ce gouffre où tourbillonnent des pulsions inconnues, c'est vous, c'est une partie de vous. Et qui n'a pas besoin ou envie de se connaître mieux ?

Vous voilà donc motivé pour explorer votre Inconscient, tel un valeureux spéléologue désireux d'explorer une grotte sous-marine encore inconnue. Mais comment ?

Bien sûr, vous pourriez vous lancer dans une analyse, mais ça coûte cher et d'ailleurs, depuis que vous avez lu les pages qui précèdent, ça ne vous dit rien.

Vous pourriez noter vos rêves... mais ceux-ci n'ont ni queue ni tête, et la plupart du temps, vous les oubliez au réveil.

Vous voilà dans une impasse... mais non, car vous avez soudain une idée de génie : vous allez entrer dans un état altéré de conscience et observer ce qui fait alors surface !

Et voilà comment le mythe de l'inconscient conduit à la consommation de stupéfiants. Un jeune consommateur de drogue hallucinogène écrit ainsi à propos de son dernier « trip » :

> « J'ai vraiment hâte d'y retourner, surtout que j'ai l'impression d'être passé à côté d'un élément essentiel de mon voyage, une idée très importante que je n'arrive plus à cerner... J'ai hâte d'y retourner pour explorer plus profondément mon Inconscient et ainsi me découvrir sous un autre jour. »

Le malheureux.

Sa prétendue exploration n'est qu'une décomposition. Comme les appâts lumineux que les baudroies abyssales (hideuses créatures prognathes aux gueules hérissées d'une pagaille de dents acérées) balancent dans l'obscurité des profondeurs pour attirer les petits poissons, cette « idée très importante » mais impossible à cerner n'est qu'un leurre.

Clarté trompeuse.

Si ce pauvre jeune homme s'entête à chercher cette soi-disant « idée » prétendument « très importante » qu'il n'arrive pas à ressaisir, elle le mènera insensiblement au triste destin du toxicomane.

## Pauvre délire

En réalité lorsqu'on se drogue, on n'explore rien du tout. Ni son inconscient, ni le monde de Narnia, ni le pays des Merveilles, ni la faille entre deux mondes – rien de rien.

Pour mener à bien une exploration, quelle qu'elle soit, il faut avoir les sens en éveil et un esprit lucide. J'ai honte de le dire tellement c'est évident, mais pour voir, on doit avoir les yeux ouverts. C'est pourquoi les soldats en mission de reconnaissance s'abstiennent de tout ce qui pourrait amoindrir leur vigilance... Ils ont besoin de toute leur tête.

Se droguer, c'est se condamner à voir et penser flou, engourdir et émousser ses sens, et d'une manière générale s'amputer de toutes les nobles facultés qui permettent d'observer, explorer et comprendre.

Le « voyage » du toxicomane n'est qu'un tissu d'hallucinations sans valeur issu de son cerveau perturbé par les substances chimiques qui l'empoisonnent. Les « idées très importantes » et autres illuminations qu'il poursuit ne sont que les bribes incohérentes d'un pauvre délire.

C'est en se servant de sa logique et de son intuition qu'on obtient des prises de conscience. De même que pour voir à travers une fenêtre, il faut que celle-ci soit propre, pour découvrir une nouvelle vérité, même une petite, il faut un esprit clair et lucide – comme du cristal.

## Freud responsable ?

Nous avons vu que le mythe de l'Inconscient incite à la toxicomanie, mais il reste un point crucial à éclaircir : comment diable se fait-il que les théories de Freud ont cet effet-là ?

S'agit-il d'un malentendu, ou au contraire, d'une conséquence inévitable de son point de vue sur le fonctionnement de l'esprit humain ?

Le concept freudien d'Inconscient a-t-il été mal interprété, ou est-il intrinsèquement toxique ?

Bref, Freud a-t-il une part de responsabilité dans tout ça ?

Pour répondre à cette question cruciale, il faut prendre en compte la manière dont Freud décrit l'inconscient. D'après Freud, l'inconscient est rempli de pulsions incontrôlables, d'idées incohérentes et d'agressivité. Le contenu de l'inconscient freudien présente donc une troublante similitude avec l'esprit perturbé d'un drogué... Dans ces conditions, n'est-il pas logique de confondre effets de la drogue et exploration de l'inconscient ?

Croire à l'Inconscient freudien conduit presque inéluctablement à croire que la drogue est un moyen d'y accéder : cette idée dangereuse est la fille légitime de la théorie freudienne.

La réponse est donc oui.

Oui, Freud est responsable.

## L'œuvre est l'homme

Au fil du temps et de biographies de plus en plus objectives, Freud apparaît de moins en moins comme un savant, un penseur d'une rigoureuse honnêteté intellectuelle, un audacieux explorateur de territoires inconnus, et de plus en plus comme un arriviste sans conscience, un névrosé bourré de superstitions, un type aigri et même haineux, un escroc aux longs crocs.

Tentant de sauver ce qui peut l'être encore, les freudiens concèdent que Freud n'était qu'un vulgaire petit bourgeois avide d'argent pour mieux affirmer que ses écrits sont, eux, grandioses.

L'œuvre du médecin viennois se serait révélée plus grande que l'homme qui l'a conçue : la souris aurait accouché d'une montagne.

Mais est-ce possible ?

Chacun crée selon sa mesure, chacun agit selon ses capacités. Ainsi un arbre ne produit pas des fruits plus grands que lui, et un chimpanzé est incapable d'écrire *Guerre et Paix* sur un ordinateur, même si ses doigts sont assez agiles pour taper sur les touches.

On ne peut opposer une création à son créateur, car l'œuvre est toujours proportionnée à celui qui l'a conçue.

En un sens, on peut même dire que l'œuvre *est* l'homme : toute théorie reflète la personnalité de celui qui l'a mise au point comme un miroir fatalement fidèle. Les théories d'un penseur sont toujours à l'image de ses choix existentiels quotidiens.

Ça ne saute pas aux yeux de tous les lecteurs, parce qu'ils ne connaissent pas toujours la vie privée de l'auteur, mais ça n'en est pas moins une loi.

Ainsi un individu qui dissèque, pour le plaisir, une grenouille vivante le matin n'a qu'une très faible probabilité, voir aucune, d'écrire l'après-midi une ode lyrique sur la Nature, ou de faire un pastel représentant une fontaine au cœur d'un jardin fleuri. Cette image azurée peut toucher ses rétines, mais elle ne pénètre pas assez avant dans son âme pour qu'il ait l'envie ou la capacité de la reproduire.

Vous pourriez m'objecter qu'Hitler peignait de jolis bouquets de coquelicots et de lilas...

C'est vrai.

Mais c'était avant son ascension et tout ce qui s'ensuivit.

Et de la même manière qu'un disséqueur de grenouille matinal ne peut pas créer de la beauté ni de la fraîcheur, un auteur ne peut pas se bourrer le nez de poudre de cocaïne le matin et, l'après-midi, élaborer une théorie qui aide ses lecteurs à se construire.

Voyez-vous où je veux en venir ?

# Freud drogué et dealer

Je vous en ai déjà touché deux mots dans la partie sur les antidépresseurs : Freud était un grand consommateur de cocaïne.

Il était aussi très dépendant au tabac. D'après certains chercheurs, le cancer à la mâchoire qui est à l'origine de sa mort est la conséquence directe de ses quarante ans de tabagisme et de la cocaïne qu'il a consommée pendant des années... Y compris lorsqu'il élaborait ses théories et rédigeait son œuvre.

Car c'est une information peu connue, mais un fait avéré : la psychanalyse a été conçue sous le signe de la drogue.

Tabac, oui, mais aussi et surtout cocaïne. Dès 1895, Freud était dépendant à la cocaïne, et il en consomma pendant au moins douze ans.

E.M. Thornton, historienne spécialisée dans l'histoire de la médecine, a démontré que les conceptions théoriques de Freud sont marquées par l'état d'esprit paranoïaque et halluciné caractéristique de la cocaïnomanie à ses stades les plus graves. La psychanalyse a été mise au point sous l'influence de cette drogue dure.

Et comme vous le savez déjà, Freud ne s'est pas contenté de consommer dans son coin comme un drogué sans histoire. Il a aussi fait la promotion de la cocaïne avec un énergique enthousiasme... Puisque c'était bon pour lui, c'était bon pour tout le monde !

Ainsi Freud recommandait et prescrivait la cocaïne pour les problèmes les plus variés. Mal à la tête ? Cocaïne. Neurasthénie ? Cocaïne. Manque de tonus ? Cocaïne. Hystérie ? Cocaïne. Mal des transports ? Cocaïne. Diabète ? Cocaïne. Mal de mer ? Cocaïne.

Dans ses articles « De la coca (1884) », « Addenda à la coca (1885) » et « Cocaïnomanie et cocaïnophobie (1887) », Freud célèbre l'euphorie « naturelle » induite par la cocaïne et défend passionnément la coca contre ceux qui l'accusent de ne pas présenter que des avantages.

Voici ce que dit à ce propos Eric Miller, journaliste d'investigation et spécialiste de Freud :

> « Non seulement Freud se mit sous la dépendance de la cocaïne, mais il y mit aussi les autres. Il a causé de nombreux décès en prétendant que la cocaïne était un remède contre le morphinisme. Dans le cadre juridique actuel, ça fait de lui non seulement un revendeur de drogue, mais un meurtrier... Le but sous-jacent de Freud lorsqu'il lançait toutes ces affirmations frauduleuses était de devenir riche et célèbre, au prix de la vie des autres. »

Vous avez peut-être du mal à accepter Freud sous ce jour patibulaire, mais faites un petit effort, car bientôt, vous devrez en fournir un autre encore plus important dans le même sens.

## Autoportrait caché

Lorsqu'il décrit l'Inconscient, Freud exprime sous une forme détournée son propre vécu de cocaïnomane.

Le concept d'Inconscient que Freud a inventé doit être lu comme une métaphore de son propre esprit dérangé par la drogue : l'inconscient freudien se confond avec le mental freudien. En présentant les effets de la cocaïne sur son propre cerveau comme un principe psychologique universel, Freud généralise son cas.

Ce n'est d'ailleurs pas que la notion d'Inconscient qui a une dimension autobiographique... La psychanalyse tout entière est une espèce d'autoportrait caché, d'autobiographie qui ne dit pas son nom. Le philosophe Michel Onfray a souligné avec justesse que la psychanalyse « relève de l'autobiographique de son inventeur et fonctionne à ravir pour le comprendre, lui et lui seul ».

En tant que description scientifique du fonctionnement de l'esprit humain, la psychanalyse ne vaut pas tripette, mais en tant qu'évocation de la vie intérieure de Freud et justification indirecte de ses choix, elle est chargée de sens. Mise en rapport avec sa vie, les théories de Freud permettent d'entrer dans les rouages secrets de sa personnalité compliquée... Nous en reparlerons.

# De la drogue à la drogue

Parce que leurs œuvres leur ressemblent, les écrivains incitent consciemment ou inconsciemment leurs lecteurs à faire des choix similaires aux leurs. C'est particulièrement vrai de Freud, dont l'œuvre véhicule et propage les principes qui guidèrent sa vie privée.

Hélas, ses principes étaient malsains, ses choix n'étaient pas bons.

Ayant opté pour la toxicomanie, Freud pousse ses lecteurs à se droguer comme lui, même lorsqu'il ne fait pas ouvertement la promotion de la cocaïne. La théorie psychanalytique n'est pas seulement née sous le signe de la drogue ; elle y conduit aussi, ramenant ainsi à son point de départ.

## À retenir

• Croire que l'alcool « ouvre l'Inconscient » conduit à sous-estimer ou à nier la toxicité de ce produit.

• Dans la perspective freudienne, la drogue apparaît comme un bon moyen d'explorer le gouffre de l'Inconscient.

• Un auteur écrit avec ce qu'il est, et incite consciemment ou inconsciemment ses lecteurs à faire les mêmes choix que lui.

• Freud, cocaïnomane, a mis au point ses théories sous l'influence de la cocaïne. L'Inconscient qu'il décrit est une représentation secrètement autobiographique de son propre esprit perturbé par la drogue.

## Conseils

▶ Ne cherchez pas dans la drogue (légale ou illégale) une porte d'accès à votre Inconscient. La drogue n'ouvre sur rien, elle se contente d'abîmer le cerveau.

## Lecture recommandée

□ *Freudian fallacy : an alternative view of freudian theory*, **de E.M. Thornton**. Pour en savoir plus sur le rôle de la cocaïne dans l'œuvre freudienne.

## 9. DE L'HOMOSEXUALITÉ À L'HOMOSEXUALITÉ

Vous n'en avez jamais entendu parler, mais l'idéologie freudienne a encore une autre conséquence indésirable et inattendue...

### Une nouvelle angoisse

Longtemps, l'homosexualité n'a été un sujet d'angoisse que pour ceux qui cherchaient à dissimuler leurs goûts et leurs pratiques à une société qui les désapprouvait. Certains avaient honte de leurs attirances et de leurs choix ; tous souffraient de devoir se cacher et mentir. Ce type d'angoisse est en voie de disparition, et ce n'est pas elle dont nous allons parler.

Depuis que les théories de Freud passent pour des faits avérés auprès d'une grande partie de la population, une nouvelle angoisse ayant trait à l'homosexualité a vu le jour. Cette angoisse touche des personnes qui :

– n'ont pas fait le choix de l'homosexualité ;

– n'éprouvent aucune attirance pour les personnes de leur sexe.

Ces hommes et ces femmes sont dégoûtés, déstabilisés et désespérés à l'idée qu'ils sont peut-être homosexuels :

« Je suis un jeune homme d'une trentaine d'années. Mes questions les plus courantes : "Et si les hommes te plaisaient ? Et si, au fond, tu te mentais à toi-même ? Et celui-là, tu ne le trouves pas à ton goût ? Et si tu essayais pour être enfin fixé ?" Ces questions me pourrissent mon quotidien. Elles me mettent mal à l'aise ; elles me répugnent. Je pense à ça au moins douze heures par jour. Il y a de quoi devenir dingue ! »

« Je ne peux m'empêcher de me dire que ma peur des homos vient du fait que je me mens à moi-même. Dès que je regarde mes collègues homos ou même hétéros dans les yeux, je me sens mal, surtout s'ils sont beaux gosses. J'imagine des scènes assez explicites qui m'empêchent de dormir et me prennent aux tripes comme l'annonce d'un décès ou d'une maladie incurable. Des questions m'assaillent à longueur de journée... Je n'en peux plus... »

« J'angoisse énormément à l'idée d'être un homo refoulé ou de le devenir. Cette question m'obsède et tourne en boucle dans ma tête. J'essaye de me raisonner en me disant que si je l'étais réellement, je m'en serais aperçu avant, mais je retombe toujours dans le même schéma de pensée... Quand j'arrive à me raisonner en me disant que c'est stupide de penser à ça, car je n'ai jamais été attiré par les garçons, seulement par les filles, l'espace d'un instant, ça se calme. Mais la question revient et hop, c'est reparti... Cette pensée me pourrit l'existence. »

« Mon angoisse d'homosexualité a commencé peu de temps après m'être coupé les cheveux. J'avais les cheveux très longs ; il y a trois mois j'ai eu envie de tester une coupe très courte. Je l'ai fait, et un beau matin, je me suis réveillée angoissée... D'une certaine façon, je ne savais plus si j'étais un homme ou une femme... Je m'observais dans la glace et une petite voix diabolique me disait : "Regarde comme tu ressembles à un homme maintenant, tu as aussi une voix d'homme, une attitude d'homme, etc." C'est comme ça que mon angoisse d'homosexualité a commencé, et depuis ce jour-là elle ne m'a pas quittée. Elle me ronge, mais en aucun cas je ne voudrais franchir le pas ! Et pourtant ça me bouffe, d'autant plus que j'aime mon fiancé à la folie et que je culpabilise d'avoir de telles pensées ! »

Ce n'est pas drôle d'être persécuté par un doute de cette nature. Mais il y a pire, car souvent cette angoisse, qui commence comme une crainte invraisemblable déconnectée de toute réalité, n'en reste pas à ce stade. Au fil des jours elle mène pas à pas celle ou celui qui la subit vers la réalisation de son cauchemar. Voyons comment.

## De l'angoisse à l'acte

1/ D'abord, il y a l'étape de la visualisation : l'angoissé s'imagine délibérément dans des situations homosexuelles. Ce n'est pas que de telles images lui fassent plaisir – au contraire, elles lui donnent la nausée et des sueurs froides –, mais il éprouve le besoin de tester son orientation sexuelle : est-il excité par ces images mentales ?

2/ Ensuite, il y a l'étape des films pornographiques gay ou du flirt avec des personnes du même sexe, toujours dans le but de se rassurer en vérifiant son orientation sexuelle ;

3/ Enfin dans certains cas il y a l'étape du passage à l'acte, toujours dans le même but. Quand elle se concrétise, cette décision toujours désastreuse alimente les pires craintes de l'angoissé :

> « J'ai beau aimer passionnément les femmes, je suis terrorisé à l'idée de préférer les hommes... Je rumine tout le temps, je scrute mes idées, etc. Cet hiver, dans un moment de doute intense j'ai décidé de vérifier une fois pour toutes en allant à un sauna. J'ai eu une expérience homosexuelle. Après cette expérience, je suis tombé en profonde dépression. Je suis passé tout près du suicide. J'ai dû aller aux urgences psychiatriques. Mon psy m'a donné un cocktail d'antidépresseurs pour soigner mes obsessions. Mais la question demeure : suis-je homo ? »

D'une manière paradoxale, mais logique, la peur d'être homosexuel conduit à la fois vers l'homosexualité et vers la dépression. À force de se « tester », les malheureuses victimes de ce qu'on appelle parfois « le trouble obsessionnel compulsif d'homosexualité » en viennent souvent à se comporter comme si elles étaient homosexuelles. Et qu'est-ce qui distingue un homosexuel qui s'assume d'un hétérosexuel fourvoyé ?

La différence est bien mince.

Notre image-de-soi est le modèle sur lequel notre comportement se façonne, le plan que nous mettons inéluctablement en pratique, ce qui fait que dès que cette image est modifiée, notre comportement change aussi. On a vu que lorsqu'on se croit bipolaire, on adopte un comportement de plus en plus bipolaire, même si on préférerait infiniment être stable et équilibré. De la même manière, lorsqu'on se croit homosexuel, ou qu'on est hanté par l'idée qu'on pourrait l'être, on fait des choix de plus en plus « gay », même si on se déteste dans ce rôle-là.

Notons aussi que l'appétit vient en mangeant : même quelqu'un qui déteste les escargots finira par les aimer, ou du moins par les tolérer, s'il ne mange plus que ça. Un hétérosexuel qui se croit homo peut très bien finir par prendre goût à cette homosexualité qui, croit-il, lui est destinée. Cela ne veut pas dire qu'il était « un homo refoulé » dès le départ, cela veut dire qu'on s'habitue à tout quand on n'a pas le choix... ou quand on croit qu'on n'a pas le choix, ce qui revient au même.

## Le rôle de la psychanalyse

Mais, me direz-vous, que vient faire la psychanalyse dans cette galère ?

Dans l'angoisse d'homosexualité, la théorie psychanalytique joue un rôle majeur – on peut même dire qu'elle joue le rôle principal. Ce sont en effet plusieurs idées freudiennes qui sont l'origine de cette angoisse, de cette peur d'être inconsciemment homosexuel :

1/ L'idée selon laquelle notre *Inconscient* serait rempli de *désirs inconscients* stockés là depuis longtemps, voire depuis toujours, parce que notre sens moral les jugerait inacceptables ;

2/ L'idée selon laquelle quelque chose qui aurait pour nom *homosexualité refoulée* serait à l'origine de nombreux problèmes psychologiques ;

3/ L'idée selon laquelle nous naîtrions tous androgynes et bisexuels par nature et par essence, avant d'acquérir progressivement un sexe et une orientation sexuelle définis (oui, Freud prétend cela) ;

4/ L'idée selon laquelle tout homme garderait un côté féminin et toute femme garderait un côté masculin, vestiges de sa nature androgyne originelle ;

5/ L'idée selon laquelle tout homme et toute femme garderaient des tendances homosexuelles, vestiges de sa bisexualité originelle ;

6/ Et enfin l'idée selon laquelle nos cauchemars et angoisses seraient en réalité l'expression détournée de nos désirs : nos dégoûts dissimuleraient des attirances.

Toutes ces idées freudiennes constituent un terrain propice à la germination et au développement d'une angoisse portant sur l'orientation sexuelle. En d'autres termes, Freud a mis au point une théorie qui a pour effet de faire douter les personnes hétérosexuelles de leur hétérosexualité. Sa théorie donne l'impression que non seulement on peut être homosexuel sans le savoir, mais qu'on a d'autant plus de probabilité de l'être qu'on trouve l'idée répugnante !

## Six idées fausses

Si vous étiez inquiet, vous pouvez vous rassurer, car toutes ces élucubrations freudiennes ne sont rien de plus que cela : des élucubrations freudiennes.

Reprenons-les l'une après l'autre.

1/ Tous nos désirs sont conscients, ou le deviennent très vite : quand on a envie d'une chose, on le sait. Ce sont les besoins qui, dans certains cas rares, restent inconscients – par exemple une anorexique peut ne pas se rendre compte qu'elle a faim, mais elle sait toujours très bien ce qu'elle désire : être la plus mince (en réalité, squelettique) possible.

Les désirs inconscients postulés par Freud n'existent pas ; ce qui s'en approche le plus, ce sont les désirs tabous qu'on passe sous silence. Tous ceux qui ont des envies de meurtre sont au courant ; tous ceux qui ont des désirs d'inceste sont au parfum – mais pour des raisons évidentes, ils n'abordent pas le sujet entre la poire et le fromage, lors des repas de famille.

2/ Le concept d'*homosexualité refoulée* est frivole, inconsistant et creux : puisque tous nos désirs sont conscients, nous savons forcément quelles sont nos préférences sexuelles, que nous vivions ou non la sexualité qui leur correspond.

En d'autres termes, on peut être attiré par les hommes ou par les femmes sans passer à l'acte, mais on ne peut pas être attiré par les hommes ou par les femmes sans le savoir, à moins d'être complètement stupide. (Et encore...)

3/ Notre identité sexuelle n'est ni artificielle, ni fragile, ni tardive. La détermination du sexe se fait dès la fécondation, lorsque le spermatozoïde entre dans l'ovule. Il n'y a donc pas d'androgynie originelle. Dès le départ, l'embryon est soit féminin, soit masculin, puisque le sexe de l'embryon est déterminé par la présence des chromosomes X et Y *dès la fécondation.* Et dès la naissance, les bébés filles ont un comportement et une sensibilité différente des bébés garçons. (Les bébés garçons regardent les objets avec autant intérêt que les gens, alors que les bébés filles sont surtout intéressées par les personnes.)

4/ Affirmer que *tous* les hommes ont un « côté féminin » et *toutes* les femmes ont un « côté masculin » est une supposition gratuite. Si le dogme freudien était vrai, *tous* les hommes seraient efféminés et *toutes* les femmes seraient masculines et hommasses. Ce n'est pas le cas. Bien sûr, Freud et ses disciples répondraient que dans le cas de la femme féminine et de l'homme viril, la composante de l'autre sexe est tout simplement plus enfouie, mieux cachée. Mais avec une telle manière de raisonner, quelle thèse ne peut-on soutenir ? On pourrait par exemple affirmer que la terre repose sur le dos d'une tortue géante invisible. Impossible de prouver que ce n'est pas le cas, puisque la tortue en question est invisible. La part masculine des femmes et féminine des hommes est du même genre : rien ne permet de démentir son existence, puisqu'on peut toujours supposer qu'elle est cachée, latente, refoulée, etc.

5/ Comme l'androgynie originelle, la bisexualité originelle est une supposition gratuite. Sa survivance sous forme de tendance homosexuelle est une hypothèse encore plus fragile. Certaines personnes ont une attirance pour les personnes de leur sexe ; cela ne signifie pas que tout le monde est dans ce cas. Rien ne permet de généraliser à ce point.

6/ Nous désirons ce que nous désirons et nous détestons ce

que nous détestons, pourquoi supposer que c'est plus compliqué que ça ?

Quand on aime le pain, on aime le pain, et le fait de détester le camembert ne signifie pas qu'on refuse de s'avouer qu'on l'adore. Ces goûts et dégoûts n'ont pas une signification cachée inverse de leur signification apparente. Un cauchemar n'est pas un rêve agréable déguisé en son contraire, et ce n'est pas parce que, endormi ou éveillé, une idée bizarre nous passe par la tête qu'elle correspond à un désir profond dont nous n'aurions pas encore pris connaissance. Nos désirs ne dissimulent pas des dégoûts inconscients, et nos répugnances ne servent pas de masque aux envies inconscientes supposées par Freud.

C'est du moins ce qu'on doit croire en attendant la preuve du contraire, qui n'est pas encore venue.

## Ce que voudrait le renard

Bien sûr, il ne suffit pas de croire aux idées de Freud pour changer d'orientation sexuelle, mais l'idéologie psychanalytique n'en joue pas moins un rôle dans certaines conversions éphémères, provisoires ou même définitives à l'homosexualité et à la bisexualité.

Comment se fait-il que Freud ait mis au point une théorie qui promeut si efficacement l'homosexualité – une véritable campagne de publicité pour cette préférence sexuelle ? Freud n'a jamais fait aucune découverte scientifique qui aurait pu le persuader d'aller dans ce sens, puisqu'il n'a jamais fait aucune découverte scientifique... Mais alors, qu'est-ce qui l'incite à pousser toute l'humanité dans les bras de Sapho et de Giton ?

Sa vie privée, tout simplement.

D'après un vieux proverbe oublié mais plein de bon sens, *le renard voudrait que tout le monde mange des poules*. Effectivement nous avons tendance à souhaiter que les autres fassent les mêmes choix que nous...

Le fait est peu connu mais parfaitement avéré : Freud avait

des pulsions homosexuelles tout à fait conscientes.

Ses pulsions ne sont pas restées au stade du fantasme.

Le médecin allemand Wilhelm Fliess (1858-1928) était un grand ami de Freud. C'était aussi plus qu'un ami. Les lettres que Freud lui a écrites sont empreintes d'une passion dévorante et d'une intensité sexuelle à peine voilée.

Ce qui n'a pas empêché Freud de se marier et de tromper sa femme avec la sœur de celle-ci... Freud ratissait large.

En élaborant la psychanalyse, Freud cherchait à la fois à se rassurer sur son propre cas (en prétendant que la bisexualité est innée, et donc normale), et à faire des émules.

De la même manière que la toxicomanie de Freud sert de modèle invisible à tous ceux qui, croyant à ses idées, lui emboîtent le pas sans le savoir, sa bisexualité influence la vie sexuelle de tous ceux qui, croyant à ses théories, sont poussés par elles à avoir des rapports homosexuels comme il en a eu lui.

Nous reparlerons de la vie sexuelle de Freud ; il y a, hélas, encore beaucoup à en dire. Vous comprendrez tout à l'heure pourquoi je dis « hélas ».

## À retenir

• Nos désirs sont conscients.
• Bisexualité et ambiguïté sexuelle constituent l'exception, pas la règle.
• De même que le plaisir ne se confond pas avec la douleur, le désir n'est pas interchangeable avec le dégoût.
• Freud, bisexuel pratiquant, a forgé une théorie qui promeut l'homosexualité et la bisexualité.

## Conseil

► Ne vous laissez pas manipuler par l'idéologie de Freud : il en ricanerait dans sa tombe.

## 10. FREUD ET LE DIABLE

J'espère que vous n'avez jamais idéalisé Freud, car si c'est le cas l'atterrissage doit être rude, et ce n'est pas fini. Ne croyez pas que démolir son image m'amuse particulièrement, mais il faut absolument comprendre qui était Freud pour appréhender correctement les effets de la psychanalyse. Alors poursuivons.

Freud n'a jamais été un luron très gai ; sa vie a été ponctuée d'épisodes dépressifs d'une rare intensité. Sans être fou à enfermer, il était aussi sujet à des accès psychotiques assez corsés.

Comment Freud a-t-il lutté contre la dépression et la folie ?

Stratégie freudienne numéro un : la cocaïne.

Mais la cocaïne ne soigne pas plus la dépression et la folie que l'alcool n'éteint le feu.

Stratégie freudienne numéro deux : analyser son passé pour y chercher la cause de son mal-être.

Freud l'a fait au cours de sa célèbre « auto-analyse » et ça ne l'a pas soulagé.

Stratégie freudienne numéro trois : passer un pacte avec le diable.

À long terme cette méthode ne s'est pas révélée plus efficace que les précédentes.

## Pacte

Vous avez du mal à croire que Freud ait conclu un pacte avec le démon ?

L'idée a quelque chose de quelque peu farfelu et exotique, je l'avoue volontiers. Et pourtant... c'est bien le cas.

Dans un article qu'il a écrit en 1923, *Une névrose démoniaque au dix-septième siècle,* Freud raconte comment, à cette époque, un artiste du nom de Christoph Haizmann aurait signé un pacte avec le diable. Ce peintre aurait donné au diable son corps et son âme, à venir retirer au bout de neuf ans, en échange du succès de sa peinture et de la fin de sa dépression.

D'après Freud, un tel pacte ne serait pas un marché de dupe :

> « Voilà donc un individu qui s'adonne au Diable dans le but d'être délivré d'une dépression psychique. À coup sûr un excellent motif ! Quiconque peut se mettre à la place d'un homme souffrant les tourments d'un pareil état et qui, de plus, sait combien peu l'art médical s'entend à soulager ce mal, le comprendra. »

Divers critiques ont souligné la similitude entre la situation de Haizmann et celle de Freud à l'époque où il écrivit cet article. Comme Haizmann, Freud était très déprimé par le décès de son père ; comme lui, il avait des difficultés financières ; comme lui encore, il n'arrivait plus à travailler.

Autre fait significatif : en épigraphe de son grand livre, *L'interprétation des rêves*, qui date aussi de 1923, Freud a placé cette citation : « Flectere si neque superos, Acheronta movebo ».

Cette citation extraite de l'Énéide signifie : « Si les dieux d'en haut ne m'aident pas, alors je mettrai tout l'Enfer en branle. » C'est ce que dit la déesse Junon furieuse et bafouée alors qu'elle s'apprête à tirer vengeance de ses ennemis.

Ça ne vous suffit pas ?

Fritz Wittels (1880-1950), un disciple de Freud, rapporte une parole extrêmement révélatrice de son maître. Un jour, Freud lui confia qu'il agissait en tant qu'*avocat du diable*. Immédiatement, Freud ajouta en toute hâte : « Mais ça ne signifie pas que je me suis vendu au diable... » *Qui s'excuse sans en être requis s'accuse réellement*, dit un proverbe.

En se basant sur ces faits et sur beaucoup d'autres que je n'ai pas la place de rapporter ici, plusieurs chercheurs et biographes attentifs ont conclu que Freud a passé un pacte, ou plus probablement deux pactes, avec le Démon. Certains biographes pensent qu'il s'agit de pactes purement métaphoriques, d'autres pensent que Freud a carrément signé des parchemins.

« Mais alors, Freud croyait donc au Diable ? » vous

demandez-vous peut-être avec une certaine perplexité.

Il n'y a pas de réponse simple à cette question. Il y croyait un peu sans y croire vraiment – tout en y croyant beaucoup.

En pactisant avec le Malin, Freud espérait triompher de la dépression, mais aussi prolonger sa vie de plusieurs années. Quand le premier contrat arriva à échéance, il fut envahi par l'angoisse, et fit un nouveau pacte dans l'espoir de prolonger sa vie. Or il est à noter que ce second et dernier pacte eut l'effet inverse. En effet lorsqu'il arriva à son terme, Freud, convaincu que le Diable réclamait son dû, intensifia sa tabagie, ce qui déclencha le cancer à la mâchoire qui est à l'origine de sa mort.

## Faust

Cause ou conséquence du pacte qu'il a passé avec le Diable, Freud s'identifiait à Faust.

Faust est d'abord une figure historique : un alchimiste, astrologue et nécromancien qui vécut au seizième siècle. Ce personnage inspira diverses œuvres littéraires ; la plus célèbre est le *Faust* de Goethe.

Dans cette pièce de théâtre, Faust signe un pacte avec Méphistophélès. Celui-ci lui offre les jouissances terrestres ; en échange, Faust s'engage à lui livrer son âme.

Freud ne se séparait jamais de son exemplaire de *Faust* ; il l'amenait partout avec lui et citait souvent les paroles de Méphistophélès. Il ne s'agissait pas seulement d'une admiration littéraire : Freud a calqué toute sa vie sur le modèle faustien. Des critiques l'ont démontré en détail.

## Identité secrète

Plusieurs disciples de Freud ont rapporté l'anecdote suivante.

Un soir, les disciples de Freud s'étaient rassemblés chez lui pour écouter Nunberg, l'un des leurs, lire à haute voix son dernier manuscrit sur les névroses.

Freud interrompit Nunberg dans sa lecture pour évoquer un célèbre tableau de la Pinacothèque ; ce tableau représente Saint Jérôme édifiant une cathédrale avec des blocs de pierre qu'à l'arrière-plan, un démon lui apporte.

Freud demanda alors à ses invités : « Qui est le diable ici ? Moi, ou Nunberg ? »

Naturellement, tout le monde répondit que Nunberg était le diable et que Freud était le saint.

« Vous ne savez donc pas que je suis le diable ?! s'exclama Freud avec une étrange véhémence. Ma vie durant j'ai dû jouer le rôle du diable pour que d'autres construisent de magnifiques cathédrales avec les matériaux que j'ai apportés. »

« Je suis le diable » : qu'elle est bizarre, cette déclaration...

À prendre avec des pincettes ?

Est-ce seulement une figure de style ?

Voici un pot-pourri de citations freudiennes qui en éclairent la portée :

« L'éthique m'est étrangère »

« Le rire diabolique de l'Enfer hurlait à mes oreilles »

« Je leur tordrai bien le cou, à tous » (il s'agit de ses patients)

« Tout ce qu'il y a de bilieux et de vénéneux en moi s'est mis à bouillir. »

« Dans des moments pareils, on est tenté de devenir un poseur des bombes. »

Ne prenez pas ces phrases à la légère, et ne supposez pas trop vite que si Freud était aussi pervers qu'il le prétend, il ne s'en vanterait pas...

Ces petites phrases freudiennes sont comme les petites bulles d'air qui remontent irrésistiblement à la surface, après qu'un énorme pétrolier se soit abîmé en mer : ce sont des petites bulles de vérité qui éclatent malgré lui sur ses lèvres et sous sa plume, en raison de l'énorme masse de méchanceté et de haine cachée en dessous.

## Image-de-soi et conséquences

On l'a vu à propos des étiquettes psychiatriques comme de l'angoisse d'homosexualité : on finit par devenir ce que l'on croit être.

Freud se prenait pour Faust et pour le Diable. Il s'identifiait aussi à divers personnages illustres tels que Macbeth, Œdipe, Hamlet, Brutus, Don Juan, Caïn – autant des meurtriers. À quelle ressemblance objective ces identifications l'ont-elles conduit ? En quoi Freud se comportait-il comme les personnages qu'il prenait pour miroir ?

Rendez-vous dans le chapitre suivant pour le savoir.

---

### À retenir

• Freud n'a pas su triompher de son spleen : comment ses idées pourraient-elles en aider d'autres à triompher du leur ?

• Le Diable promet la lune, mais ne donne que du vent. Contre la dépression, il n'a rien de valable à proposer : c'est un charlatan de plus.

• Freud, serviteur du Diable et quelque peu mégalo, se prenait pour son patron.

---

## 11. Six squelettes dans le placard

La psychanalyse est enveloppée par un voile obscur tissé d'innombrables petits secrets. Voile qui se dénoue lorsqu'on connaît son plus grand secret, celui qui donne la clef de tous les autres...

### En attendant le goûter

Nous sommes à nouveau dans le phare.

Le soleil oblique de l'après-midi dore les tasses de porcelaine. Le chat fixe un point dans l'espace, ses prunelles translucides dilatées par l'attention. Il observe quelque chose d'invisible.

Dehors, sur la plage, des mouettes marchent à la recherche de quelque chose à se mettre sous le bec. Sous son froid friselis d'écume, la mer a pris une teinte chaude, presque rose.

Pendant que je prépare notre goûter – thé à la cannelle, épais chocolat chaud selon une recette italienne, biscuits en forme de cœur et cake biologique riche en cerises –, vous consultez des magazines et un grand livre illustré de photographies posé sur une table basse.

Le livre que vous feuilletez d'une main négligente, en bâillant de faim, est intitulé *Les tueurs en série du vingtième siècle*.

Il y est question d'Henri Désiré Landru, surnommé « Barbe bleue ».

Du sinistre docteur Petiot, qui promettait à des personnes menacées par la Gestapo de les faire passer clandestinement en Argentine avant de les enfermer dans une chambre à gaz et d'observer leur agonie à travers un judas.

De Charles Manson, qui commandita des meurtres pour en

96

faire accuser la communauté des Noirs, d'Andreï Tchikatilo, tueur, violeur et anthropophage, de l'infirmier Roger Andermatt, qui tua vingt-sept patients « par compassion », du docteur Harold Shipman, qui en tua deux cent quinze ou plus, du docteur Sigmund Freud...

Hein ?

Comment ?

Sigmund Freud ?

Sigmund Freud, le père de la psychanalyse ?!

Non, ce n'est pas possible. Et pourtant, deux pages après Albert Fish, surnommé « le vampire de Brooklyn », c'est bien le nom de Freud et sa photo dans le livre. Comme son regard est torve ! C'est vrai qu'il n'a pas l'air commode... Une femme seule n'aimerait pas le croiser dans une rue mal éclairée.

Mais comment ce penseur si respecté pourrait-il être un tueur en série ?

D'accord, il manquait de rigueur intellectuelle ; d'accord, il a poussé bien des gens au suicide ; d'accord, il se droguait ; d'accord, il a fait de la publicité pour la cocaïne et l'homosexualité ; d'accord, il a passé un pacte avec le Diable et se prenait pour lui... Mais de là à l'imaginer comme un tueur en série, il y a un monde !

Ou pas ?

Freud, tueur en série : est-ce inouï, inconcevable, inimaginable – ou au contraire naturel, prévisible, presque inévitable et en tout cas logique ?

Votre curiosité est surexcitée. Vous oubliez le goûter qui se prépare, le monde qui vous entoure, et vous vous plongez dans le livre...

## Un tueur très influent

De tous les tueurs en série du vingtième siècle, le docteur Sigmund Freud est probablement celui dont la psychopathie, la perversité et les idées tordues ont eu l'impact le plus profond, le plus large et le plus durable.

Pendant des générations (quatre pour être précis), Freud a été considéré comme un grand penseur, un grand psychologue et même un grand scientifique.

D'innombrables psychanalystes se réclamant de Freud ont appliqué ses théories et ses conseils à des patients qui ne se doutaient de rien. Les livres de Freud ont été étudiés dans les universités ; on a longuement disserté sur la manière dont il convenait d'interpréter ses idées ; on a célébré son anniversaire dans la presse ; on a fait des films inspirés par ses théories ; des psychothérapeutes, des philosophes, des penseurs se sont imprégnés de ses idées et ont écrit d'autres livres les disséminant plus largement. Dans certains pays, les théories de Freud ont même été enseignées aux jeunes dans les écoles comme des vérités indiscutables.

Les idées du tueur Freud se sont ainsi répandues dans le monde entier, teintant et contaminant l'imaginaire de millions de personnes sur tous les continents.

## La vérité fait enfin surface

Très tôt, des biographes ont repéré chez Freud des tendances homicides et un « complexe de Caïn ». Mais c'est seulement en 1983 que la vérité complète commença à émerger.

Cette année-là, parut *Passion for murder, The Homicidal Deeds of Dr Sigmund Freud*, d'Eric Miller, le premier livre écrit sur les meurtres commis par Freud. Ouvrage très rigoureux comportant plus de cinq cents notes et une documentation solide et minutieuse à l'appui de la vérité enfin dévoilée : Freud a tué six personnes, dont son demi-frère John et certains de ses amis, car Freud avait une définition très personnelle de l'amitié.

Eric Miller, écrivain au parcours atypique et brillant, journaliste sérieux et intègre, fait preuve de beaucoup de rigueur dans son analyse. Il est arrivé à la conclusion que Freud a six meurtres sur la conscience après avoir étudié de très près l'enchaînement historique des faits, les nombreux témoignages disponibles, la correspondance de Freud, ainsi que ses œuvres publiées, où Freud a glissé de nombreuses allusions à ses crimes. En recoupant ces différentes sources, Miller prouve de la manière la plus convaincante que Freud a six meurtres à son actif, c'est-à-dire à son passif.

Et il ne s'agit là que des meurtres avérés. Aux dernières nouvelles (2015), il faudrait, dit Miller, revoir ce chiffre à la hausse.

En 1994 parut un deuxième livre sur les meurtres de Freud : *Deadly Dr Freud*, de Paul Scagnelli, titulaire d'un Doctorat d'État et professeur de Psychologie. Paul Scagnelli affirme que Freud a tué son vrai père, Emmanuel, qui était officiellement son demi-frère.

Parallèlement, de nombreux biographes non informés des meurtres commis par Freud, mais plus curieux et objectifs que ses premiers hagiographes, exhumaient d'autres événements sordides de la vie de Freud.

Toute une kyrielle d'escroqueries, de mensonges, de petites et de grandes trahisons et de fautes professionnelles graves a ainsi fait surface. À mesure que le portrait du docteur Sigmund Freud devenait plus ressemblant, l'image du savant génial et intègre laissait place à celle d'un scélérat, d'un gibier de potence.

## Les victimes de Freud

À l'époque où Sigmund Freud était seulement considéré comme un théoricien, on lui a souvent reproché une certaine misogynie. La connaissance de ses crimes permet de corriger ce point de vue.

Freud, sexiste ?

Pas du tout : il ne faisait aucune discrimination, et tuait tout aussi volontiers les femmes que les hommes. Voici la liste (très probablement incomplète) de ses victimes :

LUCIA CANOVI

### John Freud
Tué par Freud en 1875, en été, probablement peu après
l'anniversaire des 20 ans de John, le 13 août 1875, probablement
avec un couteau, probablement castré et violé aussi.

### Mathilde S.
Tuée par Freud le 24 septembre 1890 par une injection de drogue.
Freud a beaucoup expérimenté sur elle avant d'en arriver là.

### Le Docteur Joseph Paneth
Tué par Freud en 1890.

### Pauline Silberstein
Poussée par Freud du 4e étage de l'immeuble de son cabinet
médical le 14 mai 1891.

### Le docteur Ernst Von Flieschl
D'abord rendu dépendant à la cocaïne puis tué par Freud le 22
octobre 1891, par des injections massives de cocaïne et de
morphine.

### Nathan Wise
Tué par Freud en 1883, probablement par strangulation.
Son corps a été retrouvé pendu dans des toilettes publiques.

## Les mobiles des meurtres

Pourquoi Freud tuait-il ?

Tout d'abord parce qu'il était dévoré par le sadisme et la
haine, une haine qui s'étendait à toute l'humanité. C'est ce qui
ressort de sa correspondance, où il exprime avec violence
l'hostilité qui le dévore. Quand Freud « aimait », sa passion se
doublait toujours d'une violente envie d'assassiner l'objet de sa
haineuse et envieuse adoration.

Mais l'appât du gain était aussi un mobile puissant. Ainsi

Joseph Paneth était un très riche ami de Freud qu'il avait inscrit sur son testament : en l'assassinant, Sigmund visait son héritage. Freud était assoiffé d'or, de pouvoir et de gloire, et dans sa correspondance il ne s'en cachait pas.

Il faut aussi savoir que – d'après Miller qui apporte des arguments extrêmement convaincants pour soutenir cette thèse – comme beaucoup d'autres tueurs en série, Freud cumulait les perversions.

Ses principales étaient l'inceste (avec ses sœurs et peut-être sa mère, d'où le complexe d'Œdipe), la coprophagie et la nécrophilie. Pas de viol sans victime et pas de nécrophilie sans cadavre : tuer donnait à Freud l'occasion de satisfaire certains de ses goûts pervers.

## Entre silence et aveu

En mentant sur sa vie et en détruisant ses documents privés au cours d'autodafés répétés, Freud a cherché à mettre ses sordides secrets à l'abri des biographes trop curieux.

Mais l'envie de se confesser le démangeait aussi. D'une manière plus ou moins voilée, dans sa correspondance et ses ouvrages, Freud évoque sa haine de l'humanité et fait allusion à ses pulsions homicides et aux meurtres qu'il a commis, avouant ainsi à demi-mot ses actes les plus inavouables.

Cette ambivalence est classique. Les tueurs en série aiment tuer ; pour eux l'assassinat est une victoire, un accomplissement. Ils sont très fiers de leurs « exploits » et voudraient bien que tout le monde soit au courant... tout en craignant la prison et la peine capitale qui leur pend au nez.

Ambivalence qui les condamne à dire sans dire.

## Les preuves

Sûrement, cher lecteur, êtes-vous curieux de connaître les preuves des meurtres commis par Freud...

Ces preuves sont beaucoup trop nombreuses pour que je puisse les énumérer ici. Parlons uniquement d'une petite phrase apparemment anodine. Une petite phrase, ou plutôt un petit fragment de phrase, que Freud a placé dans son grand livre sur les rêves : *L'interprétation du rêve* (1900). Voici le passage en question :

> « ...mon neveu, qui a un an de plus que moi, et qui vivait actuellement en Angleterre. »

Pas de quoi fouetter un chat, me direz-vous ?

Relisez ce fragment de phrase. Vous n'y voyez pas quelque chose de bizarre ? Si le neveu de Freud vit « actuellement » en Angleterre, pourquoi utiliser l'imparfait ? Ce mélange de passé et de présent a quelque chose de troublant, vous ne trouvez pas ?

Et le trouble se change en malaise quand on apprend qu'à l'époque où Freud a écrit ces lignes, son neveu John était porté disparu depuis 27 ans ! Freud ment donc lorsqu'il affirme que son neveu vit actuellement en Angleterre.

Et le malaise se change aux frissons fiévreux lorsqu'on découvre que Freud confesse hardiment, et à plusieurs reprises, qu'il a toujours haï John et rêvé de le tuer...

Si on ajoute à toutes ces informations le fait que John a disparu à la période précise où Freud, âgé alors de dix-sept ans, s'est rendu en Angleterre pour rendre visite à sa famille, et donc à John, il n'y a plus vraiment de doute possible.

Notez aussi que Freud parle dans sa correspondance (en mettant l'expression en latin, sans doute pour brouiller les pistes) de « pulsion de John » pour désigner ses envies de meurtre.

Relisons la phrase :

> « ...mon neveu, qui a un an de plus que moi, et qui vivait actuellement en Angleterre. »

Si on réfléchit bien à ce que ce fragment de phrase implique et présuppose, on verra qu'il y a là une preuve décisive contre Freud.

Qui, à part le meurtrier de John, pourrait affirmer que John porté disparu depuis 27 ans « vivait actuellement en Angleterre » ? Cet étrange et schizophrénique mélange du passé et du présent, c'est-à-dire de l'aveu (John vivait et il est mort, je l'ai tué) et du mensonge (je n'ai pas tué John donc il est toujours vivant), n'est explicable que par la culpabilité de Freud.

À noter que Freud a donné à trois de ses enfants les noms de Mathilde, Jean Martin (Jean est l'équivalent français de John), et Ernst. Les mêmes noms que trois de ses victimes. Comme pour mieux jouir de ses crimes par un rappel quotidien ?

Ceci n'est qu'un minuscule échantillon des très nombreux indices et preuves qui désignent Freud comme meurtrier. Pour les découvrir tous, ou presque tous, car il se pourrait que de nouveaux éléments fassent encore surface, lisez le livre d'Eric Miller, publié en français par mes soins sous le titre *Freud tueur en série*.

## L'enfance d'un tueur en série

Comme beaucoup de tueurs en série, Sigmund a eu une enfance difficile.

Son milieu d'origine laissait vraiment à désirer, et c'est peu de le dire.

Sigmund Freud naît le 6 mars 1856 à Freiberg en Moravie, dans l'Empire austro-hongrois. Mais voilà que les complications commencent déjà. En effet Freud prétendait être né le 6 *mai* 1856 – et ce, pour une excellente raison : sa véritable date de naissance révèle que sa mère était enceinte de lui avant son mariage.

La famille de Freud n'avait rien à envier à celle des Atrides. Sa mère a couché avec son beau-fils, ou peut-être avec ses beaux-fils. Le père officiel de Sigmund (qui était son grand-père) a tué sa deuxième épouse et peut-être aussi la première ; il a aussi violé ses propres enfants.

Serait-ce en généralisant son propre vécu que Freud a mis au point sa première théorie de la séduction ? Peut-être. D'après cette théorie, tous les problèmes psychologiques, toutes les névroses, auraient pour origine des viols subis dans la petite enfance. Toujours est-il que de victime, Freud est très vite devenu bourreau. Enfant, il prenait déjà plaisir à torturer les animaux...

***

Vous en avez assez.

Vous refermez le livre où vous avez découvert toutes ces informations déstabilisantes et reprenez contact avec la réalité qui vous entoure : la réconfortante odeur du chocolat chaud, le ronronnement du chat, les rayons dorés du soleil. Rien n'a changé depuis tout à l'heure.

Vous sentez pourtant une différence...

C'est peut-être vous qui avez changé ?

## La fin du mystère

Beaucoup de chercheurs et de biographes se sont interrogés sur l'incroyable omerta qui pèse sur les archives Freud.

Les archives *Bernfeld* sont inédites et jalousement gardées, les *Jones' Papers* sont interdits d'accès, et une immense part de la correspondance de Freud est inaccessible, toute consultation en étant strictement prohibée. Imaginez : certains documents ne seront consultables qu'en 2113 !

Censure inouïe que les nombreux chercheurs qui se sont intéressés à Freud ont qualifiée de *ridicule, grotesque, incompréhensible, absurde, suspecte, louche, bizarre*, etc. Jacques Bénesteau résume leurs interrogations :

> « Maintenant, la question est la suivante : quels sont donc les renseignements qu'il faudrait soustraire à la curiosité morbide du monde extérieur ? »

La réponse à cette question, maintenant, vous la connaissez.

Vous savez ce que tant de gens ignorent encore. Vous savez quels sont les renseignements que le cercle des freudiens initiés cherche à soustraire à la curiosité légitime du monde extérieur. Car ce n'est pas la curiosité qui est *morbide*, mais bien les informations cachées...

Quelle crédibilité conservera la psychanalyse, lorsque tout le monde sera au courant que son fondateur était un pervers polymorphe et un tueur en série ayant commis au minimum six meurtres ?

## À retenir

● Freud était un tueur en série et un pervers.
● Il a quelques circonstances atténuantes : son père officiel était lui-même un assassin et un pédophile.
● Les meurtres de Freud expliquent l'omerta qui pèse sur les archives freudiennes.

## Conseil

▶ N'accordez aucune confiance aux tueurs en série en général, et au docteur Sigmund Freud en particulier.

## Lectures recommandées

☐ *Freud tueur en série : vrais meurtres et théorie erronée* **d'Eric Miller.** Excellent livre dont je suis l'éditeur. À lire pour savoir tout ce qu'il y a à savoir sur la personnalité gravement perturbée de Freud et sur ses actes, et pour découvrir toutes les preuves de ses meurtres.

☐ *Mensonges freudiens, histoire d'une désinformation séculaire* **de Jacques Bénesteau.** Cette biographie démystificatrice permet de cerner le personnage de plus près.

☐ *Le crépuscule d'une idole, L'affabulation freudienne,* **de Michel Onfray.** Intéressant aussi.

## 12. Comment dire adieu à...

En fin de compte, la psychanalyse est le *nec plus ultra* de la désorganisation intérieure, une *Rolls* sans moteur garée sur des sables mouvants, une *voie royale* qui mène jusqu'à un gouffre.

Mais quand on a vécu longtemps avec quelqu'un ou quelque chose, il n'est jamais évident de lui dire adieu. Comment se séparer pour de bon de Freud, de la psychanalyse, de son inconscient et de son psy ?

Lisez ce chapitre et suivez le mode d'emploi.

### Comment dire adieu à Freud

Freud pervers, Freud assassin, Freud tueur en série... ça semble trop sensationnel pour être vrai.

Comment intégrer ces révélations bouleversantes ?

Comment assimiler les faits ?

L'image officielle de Freud, celle du chercheur désintéressé, de l'explorateur de nouveaux territoires mentaux, est en complète dissonance avec la réalité de Freud-Landru, de Freud-Petiot, de Freud-Fish, c'est pourquoi il nous est difficile d'accepter l'idée que Freud est un tueur en série.

Je dis « nous » parce que moi aussi, j'ai eu du mal.

Après avoir fait cette découverte, je me suis sentie troublée... déstabilisée.

Un peu comme le professeur Paul Scagnelli.

La première fois qu'il a lu *Passion for murder*, le professeur Scagnelli s'est senti barbouillé :

> « Émotionnellement, j'étais incapable d'accorder vraiment crédit aux idées de Miller... L'idée paraissait bizarre, et elle suscitait en moi un rejet nauséeux. »

Ce qui ne l'a pas empêché, par la suite, d'écrire *Deadly Dr*

*Freud.*

Il est normal de passer par le stade du doute et du mal de mer. Pour vous aider à le dépasser, je voudrais partager avec vous une pensée qui m'a aidée à accepter la réalité...

## Pas si étonnant

Des tueurs en série, il y en a toujours eu. Freud trouve sa place dans une longue ribambelle de criminels célèbres.

La seule chose qui le distingue d'un Landru ou d'un Petiot, c'est qu'on l'a pris pendant longtemps pour quelqu'un d'autre : on lui a accordé une confiance qu'il ne méritait pas.

Mais après tout, ce n'est pas le seul quiproquo de ce genre... Freud n'est qu'un exemple parmi d'autres de confiance mal placée.

Si notre civilisation avait pris pour guides et modèles des gens qui le méritaient, si elle avait accordé son respect et son admiration à de véritables bienfaiteurs de l'humanité (géniaux, mais aussi intègres et altruistes) en serions-nous où nous en sommes ?

Pour en être arrivée au point où elle en est, notre civilisation a forcément dû rater quelque chose quelque part.

Il n'est donc pas si étonnant que parmi les « grands hommes » on trouve des menteurs, des escrocs, des criminels et des pervers sexuels, ou encore des individus qui, comme Freud, sont tout cela en même temps.

## Une nouvelle, trois réactions

Freud avait une double vie : derrière la façade du savant intègre se cachait un psychopathe avide de meurtres et de galipettes macabres. À cette nouvelle plus que troublante, il y a trois réactions possibles, trois réactions que j'ai pu observer.

Certains refusent l'information en bloc. Leur réaction de rejet est épidermique et irrationnelle :

« Non, Freud n'était pas un tueur en série. Vous mentez ! Et si vous dites la vérité, je m'en fiche : vous mentez quand même !

Ou plutôt, vous délirez ! Vous êtes fou et il faut vous enfermer ! Et puis d'ailleurs, pourquoi critiquez-vous Freud ? Parce qu'il était juif ?... »

Ce déni est parfois assaisonné d'un curieux retournement de l'information : « Si vous dites que Freud est un tueur en série, c'est que vous avez tué quelqu'un ou que vous comptez vous y mettre ! Vous me faites peur ! »

Le spectacle de quelqu'un qui se cramponne à des illusions auto-infligées a quelque chose d'un peu pathétique, mais aussi de curieusement réconfortant, car on se sent soulagé d'avoir dépassé ce stade.

D'autre admettent superficiellement les faits, mais pour mieux les balayer d'un revers de la main avec une aristocratique désinvolture :

« Oui, d'accord, Freud était un tueur en série, et alors ? Il n'en est moins génial... Ne nous perdons pas dans les détails. La vie privée de Freud n'a aucune espèce d'importance, c'est son œuvre qui compte. »

Définir le meurtre comme un hobby appartenant à la sphère privée, un hobby où personne – et donc ni la police ni la justice – n'aurait le droit de fourrer son nez... voilà un point de vue qui plairait certainement à Freud, et à tous ceux qui, comme lui, ont des squelettes dans leurs placards.

Il y a enfin la manière intelligente et adulte de réagir. Après l'inévitable période de doute, on accepte les faits :

> « Quand j'ai appris ça, ma réaction a été "Oh Mon Dieu !" Puis du soulagement, parce que je n'adhérais absolument pas à sa vision plus que spéciale des choses. Je me suis toujours dit que Freud était un grand malade, un pauvre type complément taré, mais je ne le voyais pas revêtir le costume de tueur en série. Il devait être sacrément déraillé. Dire que ce psychopathe est considéré comme la référence dans des domaines importants m'écœure profondément ! »

Cet écœurement est sain.

## Choisir son camp

Mais au fait, pourquoi accepter les faits ?

Eh bien, tout simplement parce que ce sont les faits, et que si on ne veut pas croire à la vérité, on croira inévitablement au mensonge.

## Deux professions de foi contradictoires

Une vérité, même inconfortable et amère, aura toujours plus de valeur qu'une illusion, même dorée à l'or fin. À ce propos, le philosophe Jean-Marie Guyau (1854-1888) est l'auteur d'une magnifique profession de foi, probablement la plus belle jamais écrite sur l'amour de la vérité et sur les sacrifices à consentir pour elle :

> « Quoi que je trouve au bout de la voie où je m'engage, quand cela serait contraire à toutes mes prévisions et à tous mes désirs, à tout ce que je croyais et à tout ce qu'on croit autour de moi, quand ce serait contraire à tout ce que j'ai dit moi-même ; quand cela déferait toutes mes associations d'idées, dérangerait toutes mes combinaisons, tout le système que mon intelligence avait échafaudé jusque-là, quand cela anéantirait enfin tout le travail de ma vie passée, — si c'est la vérité, quelque pénible qu'elle soit, je veux la trouver, je veux y croire, parce que la vérité est digne d'amour et que je l'aime. »

Comparons cette admirable profession de foi avec celle de Freud :

> « Gardons-nous de laisser faussement croire à certains que la complexité du monde est telle que toute explication doit nécessairement comporter une parcelle de vérité. Non, notre esprit a conservé la liberté d'inventer des rapports, des relations qui n'ont aucun équivalent dans la réalité et il attache un grand prix à cette faculté en en faisant, dans la science et ailleurs encore, un important usage. »

Freud revendique la liberté d'inventer, la liberté d'avancer des théories qui ne contiennent aucune parcelle de vérité et « qui n'ont aucun équivalent dans la réalité ». D'après lui, peu importe les faits : une « explication » n'a pas besoin de comporter ne serait-ce qu'une parcelle de vérité. En clair, c'est le droit de mentir en toute impunité que Freud s'arroge sans vergogne...

Le moins qu'on puisse dire c'est qu'il en a bien profité.

Quant à nous, laissons-nous le droit de chercher la vérité et d'y croire quand nous l'avons trouvée. Lorsqu'on a *compris* que Freud est un menteur, un pervers et un meurtrier, il faut le *croire* – quand bien même cela serait contraire à tout ce qu'on a cru et à tout ce que les autres croient autour de soi, quand bien même cela bouleverserait notre vision du monde, démolirait tout le système auquel on aurait adhéré jusque-là.

Il le faut, car autrement, on se retrouverait par la force des choses dans le même camp que Freud : son complice.

Le menteur est soutenu par tous ceux qui préfèrent le goût de ses bobards à l'amertume salutaire de la vérité ; l'assassin, protégé par tous ceux qui n'osent pas soulever le voile de fiction qui dissimule ses crimes.

## Comment dire adieu à la psychanalyse

Maintenant que nous avons dit adieu à Freud, disons adieu à la psychanalyse. La tâche est assez facile : il suffit de mettre en lumière le lien organique qui la relie à son père.

La psychanalyse cesse d'être mystérieuse et fascinante dès qu'on l'inscrit dans la continuité de la vie de son auteur – pas la version censurée et idéalisée des hagiographes, mais la version originale avec son lot d'incestes, de perversions et de meurtres.

La biographie freudienne est la pièce centrale du puzzle psychanalytique, celle qui permet de découvrir l'image générale et ainsi, de s'en détacher, l'image en question n'ayant rien d'attrayant.

### De qui parle la psychanalyse ?

Vous voulez savoir pourquoi la psychanalyse voit des

symboles phalliques jusque dans les lacs de montagne ? Parce que Freud était lui-même un obsédé sexuel. Pourquoi elle décèle des pulsions homicides, incestueuses et homosexuelles (quand ce n'est pas des tendances coprophiles) derrière le moindre lapsus ? Parce que Freud débordait de telles pulsions lui-même.

La psychanalyse ne parle pas de vous ; elle parle de lui.

## Projection

Vous connaissez le test de Rorschach ?

On regarde des taches d'encre et on dit ce qu'on y voit.

Comme les taches d'encre peuvent recevoir mille et une interprétations, notre réponse révèle notre état d'esprit et un peu de notre personnalité.

Freud a utilisé les libres associations de ses patients de la même manière : comme un matériau brut où projeter ses propres pensées, obsessions et fantasmes. Puis, il a voulu convaincre le monde entier que ce qu'il voyait dans les taches d'encre s'y trouvait réellement. Cette entreprise hasardeuse a pour nom *psychanalyse*.

## Extrapolation

Eric Miller l'a magistralement prouvé : tel un renard persuadé que tout le monde fait comme lui ses délices des coqs et des poulettes, Freud extrapole à partir de son cas.

Ayant été un enfant, il affirme que tous les enfants veulent tuer leurs pères.

Ayant été un père, il affirme (dans sa correspondance) que tous les pères veulent abuser sexuellement de leurs enfants.

Ayant désiré la mort de ses supérieurs hiérarchiques, il affirme que c'est là un désir tout à fait normal.

Ayant eu des goûts sexuels plus que bizarres, il affirme (dans *Trois essais sur la sexualité*) que le désir de manger des excréments et de copuler avec des cadavres peut être le fait de gens normaux, pervers uniquement sur ce point.

Freud a élaboré la psychanalyse pour que tout le monde regarde dans son âme compliquée et malsaine et la prenne pour un miroir : il voulait nous faire croire que nous sommes tous des meurtriers incestueux et coprophages en puissance – comme lui l'était en actes. Avec la psychanalyse, Freud étend sa culpabilité au monde entier et cache sa noirceur dans un océan de ténèbres.

### Inversion

Qu'une femme ait envie d'avoir un enfant, c'est ce qu'on appelait avant Freud « l'instinct maternel » ou qu'on n'appelait même pas, tellement cela paraissait normal. Mais qu'une femme ait envie de se faire greffer un pénis, c'est pour le moins inhabituel et bizarre. Les femmes qui ont cette envie étrange sont extrêmement rares.

Je pense que vous serez d'accord avec moi : s'il y a une de ces deux envies qui a besoin d'être expliquée, ce n'est pas que les femmes veuillent des enfants, mais plutôt que certaines femmes aient envie de se faire greffer un pénis.

Freud ne voit pas les choses ainsi.

Il part du principe que ce qui est bizarre, anormal, c'est que les femmes aient envie de faire des enfants. Inversement, ce qu'il juge normal et naturel, c'est que les femmes rêvent de devenir des hommes.

Dans sa perspective, si une femme veut un enfant, c'est parce qu'elle veut un pénis. Son bébé est un substitut de phallus. L'envie originelle, naturelle, est celle du phallus ; le désir d'enfant n'est qu'une perversion de ce désir inné. Si on poussait le raisonnement jusqu'au bout, il faudrait donc croire que les femmes vraiment normales ne désirent pas d'enfant – elles veulent juste se faire opérer.

Cet exemple est tout à fait significatif de la manière dont Freud procède.

Il renverse l'ordre des choses en faisant de ce qui est inhabituel et contre nature l'explication ultime de ce qui est naturel et normal ; il décrit la nature humaine dans les termes de la perversion pour donner l'impression qu'il est naturel et normal d'être pervers, et qu'inversement, ce que l'on considère comme naturel et normal est en réalité pervers.

Cette démarche, qui est typique de la mentalité psychopathique, irrigue secrètement toute la psychanalyse et, en grande partie, l'explique.

## Un alibi

En tant que meurtrier, Freud souffrait d'un sentiment d'infériorité et de solitude par rapport aux personnes normales (celles qui n'ont tué personne). Pour lutter contre ce sentiment d'infériorité, il éprouvait le besoin de s'innocenter. La psychanalyse joue ce rôle : elle est un alibi pour les criminels en général, et pour Freud en particulier.

Dans un article de journal récent, il est question d'un meurtrier « qui a perdu toute possibilité de se maîtriser, débordé qu'il est par des forces obscures ». La conclusion implicite du journaliste est que le meurtrier n'est pas vraiment coupable de son meurtre : les forces obscures de son *inconscient* portent le chapeau…

En 2008 un avocat plaida pour son client, coupable d'un meurtre, en invoquant « l'inconscient collectif tzigane » qui l'aurait rendu paranoïaque. L'avocat mit ainsi le crime de son client sur le dos de l'Inconscient. Il peut dire merci à Freud, sans qui cette stratégie n'aurait pas été possible.

La notion freudienne d'inconscient est un certificat d'irresponsabilité fort commode. L'assassin qui croit un tant soit peu à la psychanalyse peut se dire : « Ce n'est pas moi qui ai tué, c'est mon Inconscient qui a fait le coup... Au fond, je n'y suis pour rien ! »

## Un acte d'accusation

Le renard se plaît à croire que tout le monde, même les

agneaux, aime le poulet... Pour lutter contre son complexe d'infériorité et son sentiment de solitude, Freud ne se contente pas de fournir un alibi aux meurtriers, il calomnie aussi l'immense foule de ceux qui n'ont pas de sang sur les mains. Manière de se convaincre lui-même, et de convaincre les autres, que tout le monde est aussi coupable que lui.

Après avoir lu Freud et adhéré à ses théories, l'individu normal ne peut que se dire : « Je ne m'en rends pas compte, mais je veux tuer mon père et coucher avec ma mère... au fond, je suis un tueur et un pervers en puissance ! »

La psychanalyse a été conçue pour générer un sentiment d'irresponsabilité chez les coupables en même temps qu'un sentiment de culpabilité chez les innocents.

### Publicité pour les perversions sexuelles

Avec la psychanalyse, Freud ne se contente pas de promouvoir l'homosexualité, ou pour mieux dire, la bisexualité ; il fait aussi de la publicité pour les perversions sexuelles : inceste, pédophilie, nécrophilie, coprophagie, etc.

Comment ?

Tout simplement en les associant à des valeurs positives telles que le plaisir, la vitalité ou l'audace et en soutenant que la mise en acte des pulsions est nécessaire à la guérison. À ce sujet, voici deux citations freudiennes très significatives :

« S'il pouvait être pervers, il serait en bonne santé.'

« L'homme était un pervers et par conséquent, en bonne santé. »

Ce que Freud veut dire par là, c'est que pour retrouver la santé mentale ou physique, il est nécessaire de vivre les perversions qu'on a refoulées, c'est-à-dire d'agir conformément aux désirs inconscients dont lui, Freud, nous a révélé l'existence avec tant d'empressement et d'obligeance.

## *Publicité pour le meurtre*

La psychanalyse fait aussi de la publicité pour le meurtre.

Certes, tous ceux qui passent sur le divan ne deviennent pas Hannibal le Cannibale, mais qu'est-ce que ça prouve ? Tous ceux qui prennent l'anglais en première langue vivante à l'école n'en sortent pas bilingues non plus.

Un internaute qui fait une analyse et qui (circonstance aggravante) lit assidûment Freud et le vénère tient des propos fort inquiétants :

« Assumer est dur... il faut sans cesse tuer les autres, ou soi. »

« La colère est une forme de désir de liberté, je pourrais tuer pour être libre... Même si au fond je ne veux pas l'être, je sais que la liberté est la solution. »

« Je crois parfois que je deviendrai un assassin afin de tuer ce qui m'empêche de vivre ! Qui sait si ça ne finira pas comme ça. J'ai perdu trop de temps, il est temps d'avancer, de tuer les adversaires. »

« Même quand je fais des photos, chose que j'aime beaucoup, je vire le peuple de mon cadre comme pour détruire l'individu, et puis je n'aime pas les portraits, je les fais pour me souvenir sans rien ressentir... »

« Je veux juste dormir, haïr les autres, et regarder la télé. Je ne suis pas un héros, j'ai écrit un livre, mais personne n'a voulu l'éditer, dommage, il est bien écrit... Je l'emporterai au diable, il en voudra, lui. Je suis né pour pourrir ce monde, pour cracher dessus, l'enfer c'est moi. »

« J'ai des doigts de couteaux, des mains d'aciers qui pourraient tuer parfois, mais c'est moi qu'elles tuent. Parfois je me dis qu'être est suffisant et d'autres fois je voudrais crier le bruit de ma vie sur une place, faire la révolution, devenir ultra, lancer une guerre civile, la force de l'âme est énorme, je crains que l'analyse ne révèle une puissance incendiaire. Un monstre sans dépendance. »

« Si je grandis, comme je suis responsable de mon père, aux dires du psy ça me ferait le tuer ! Les morts sont des objets et ma relation avec les gens est souvent une relation exclusive d'objet : un objet est un désir unilatéral, l'objet est désiré, et ne peut choisir, en un sens c'est un désir pervers. Je ne veux pas de relations bilatérales, ou j'ai à rendre en quelque sorte, de l'amour par exemple, pourtant j'ai envie d'aimer. »

S'il continue dans sa route, cet analysant finira probablement par zigouiller quelqu'un. Il a l'air d'un cas à part, mais ses propos sont d'une certaine manière exemplaires – exemplaires des effets de Freud sur ceux qui le prennent pour gourou et maître. Effets logiques : un tueur en série peut-il former autre chose que des tueurs en série ?

### Un jargon de psychopathe

Le vocabulaire de la psychanalyse est un jargon de psychopathe : en l'adoptant, on adopte du même coup la mentalité pathologique qui va avec.

Prenons juste trois exemples, trois expressions typiquement psychanalytiques : *complexe d'Œdipe, tuer le père* et *objet*.

En jargon psychanalytique, *complexe d'Œdipe* signifie : « envie naturelle et universelle de tuer son père et de coucher avec sa mère ». Mais si c'est naturel, en quoi est-ce un problème, un *complexe* ?

Le problème n'est pas d'avoir envie de tuer son père et de coucher avec sa mère, mais *de ne pas avoir conscience* qu'on en a envie. Point de vue de psychopathe, pour qui l'inceste et le parricide sont normaux – et leur absence, problématique.

*Tuer le père* est le conseil ouvertement criminel, et théoriquement métaphorique, que beaucoup de psychanalystes donnent à leurs patients.

Ce meurtre du père est censé représenter le passage à l'âge adulte et la fin de l'autorité paternelle. Mais si c'est là tout le sens de l'expression, pourquoi ne pas parler de *grandir*, de *prendre son indépendance* ou de *couper le cordon* plutôt que de *tuer le père* ?

En tout état de cause, l'expression confère au parricide des connotations extrêmement positives. On est bien dans la tête d'un psychopathe.

Quant à *objet,* c'est un mot banal et innocent... quand on l'applique à un objet. Mais dans le jargon de la psychanalyse, *objet* s'applique toujours à une personne. Les tueurs en série considèrent les gens en général, et leurs victimes en particulier, comme des choses ; la psychanalyse ne fait pas mieux.

## *Aveux indirects*

La psychanalyse est en fin de compte une confession voilée, un corpus de textes secrètement autobiographiques où Freud se livre à une espèce de danse des sept voiles, montrant et cachant tour à tour les secrets sordides qui le démangent.

Parfois c'est au détour d'une citation latine qu'il glisse une allusion à ses crimes, parfois, comme dans *L'interprétation des rêves*, il déguise un aveu grave en rêve sans conséquence.

Lisez si vous voulez le récit du rêve intitulé « Non vixit » (« Il n'a jamais vécu ») : dans ce rêve, Freud rencontre son ami Paneth, que dans la vraie vie il avait déjà tué. Toujours dans le rêve, Freud pose sur Paneth un regard perçant qui le fait pâlir et disparaître, ce qui le réjouit beaucoup. Dans son commentaire de ce rêve, Freud dit qu'il a « annihilé » Paneth et se compare à Brutus éliminant César. Puis il se réjouit ouvertement de survivre à ses amis, ce qui lui permet de rester « seul maître du champ de bataille ».

## *Bilan*

Miroir d'une âme noire, entreprise d'insalubrité publique, alibi pour meurtriers, acte d'accusation virulente portée contre des innocents, publicité agressive pour la perversion et le meurtre, confession indirecte d'un tueur en série... la psychanalyse est tout, sauf une étude objective de l'âme humaine. Tout, sauf un moyen de découvrir qui nous sommes. Lui dire adieu, c'est dire adieu à un mensonge compliqué et malsain qui infecte l'imaginaire de ceux qui y croient.

## Comment dire adieu à son Inconscient

Et la célèbre notion d'inconscient ?
Ce gouffre obscur où mijotent tant de pulsions malsaines ?
Comment s'en débarrasser ?
Tout d'abord en prenant conscience que l'Inconscient freudien est un concept grossièrement illogique.

### *Un concept bidon*

Freud décrit l'inconscient comme composé de trois parties :
1/Le ça ;
2/Le Moi ;
3/Le Surmoi.
Le Moi correspond à la personnalité consciente, et le Surmoi, qui fait la différence entre le bien et le mal et peut éprouver des remords, correspond lui à la conscience morale. Quant au ça, c'est un réservoir à désirs inconscients.
Jusque-là, vous êtes d'accord ?
Ou du moins, vous ne voyez rien d'inadmissible ?
C'est peut-être parce que le prestige de Freud dissimule sa royale nudité...
Mais imaginez qu'un quidam ordinaire divise le genre féminin en :
1/femmes ;
2/hommes ;
3/petits garçons.
Cette pseudo-analyse vous ferait-elle l'effet d'une découverte ?
J'espère bien que non.
Eh bien, diviser l'inconscient en trois parties, dont deux correspondent à la conscience, a autant de sens que de ranger les hommes et les petits garçons dans le genre féminin, pour décréter

ensuite que l'humanité n'est composée que de femmes. Et si on transpose, c'est précisément ce que fait Freud... Après avoir fourré la conscience de soi et la conscience morale dans l'Inconscient, il « constate » que « L'inconscient est le psychique lui-même et son essentielle réalité ».

Effectivement, l'inconscient est le psychique lui-même et son essentielle réalité – mais uniquement si on décrète que la conscience est une partie de l'inconscience ! Perspective aberrante, insoutenable d'un point de vue logique.

Le plus étonnant dans cette histoire, c'est que Freud a réussi son coup : des générations et des pays entiers l'ont suivi dans son révisionnisme sémantique, comme s'il avait fait une grande découverte scientifique plutôt que falsifié sans vergogne le sens des mots.

Ainsi dans les cours de philosophie, on rend souvent hommage à Freud de cette manière :

> « Freud a découvert que l'essentiel de l'homme, c'est-à-dire l'essentiel des tendances expliquant sa conduite, réside dans l'inconscient. »

Vous comprenez maintenant que ce genre de pseudo-découverte est à la portée de n'importe qui...

Pour « découvrir » qu'il y a des hippopotames à tous les coins de rue, il suffit d'adopter une définition très large d'*hippopotame* (par exemple, « être vivant »). Pour « découvrir » que tous les fruits sont des oranges, il suffit de diviser l'ensemble des oranges en pommes, poires, oranges, bananes, etc. Et pour « découvrir » qu'il fait nuit en plein jour, il suffit de prétendre que la lumière est une obscurité un peu pâle !

Par chance, malgré les mystifications de ce genre, le soleil persiste à se lever à l'est tous les matins sur un monde doté d'une faune et d'une flore extrêmement variées.

### Une métaphore tenace

L'inconscient n'est donc pas un concept scientifique – c'est

119

tout au plus un concept philosophique. Et encore...

Mais l'image est tenace.

Si vous avez cru à l'inconscient psychanalytique et aux pulsions malsaines qui y tournent en rond comme des sternoptyx abyssaux au fond des ténèbres, il vous est peut-être difficile de vous détacher de cette image, même si vous avez maintenant pleinement conscience qu'elle n'est qu'un symbole sans substance, une métaphore qui ne correspond à rien.

On dit qu'un clou chasse l'autre. Puisque l'inconscient est une image, pour l'effacer définitivement passons par une autre image...

### *Vider*

Première étape : vider l'inconscient.

Comment ?

D'après le poète et résistant René Char (1907-1988), la lucidité est la blessure la plus rapprochée du soleil. Alors, imaginez que le soleil de la lucidité tape si fort que le contenu de l'inconscient s'évapore, comme celui d'une piscine gonflable sous la canicule provençale…

Et là, surprise-surprise, vous constatez que l'inconscient est vide.

Complètement vide.

Aucun désir immoral et malsain aux yeux glauques, aucune pulsion inavouable aux dents pointues, aucune envie poisseuse, rien de rien...

L'inconscient n'était ni le loch profond où Nessie barbote, ni une faille au fond de l'océan remplie de calmars géants, ni même une mare pleine de têtards.

Juste une cuve ou un réservoir.

C'est à la fois un grand choc et un immense soulagement.

Finalement, vous n'êtes pas mauvais à la base… Finalement, aucune pulsion inconnue ne peut décider de vos actes à votre place… Finalement, vous êtes vous, et personne d'autre.

## *Remplir*

Passons maintenant à la deuxième phase de l'opération.

Ce réservoir vide, il est temps de le remplir.

Pourquoi pas avec de la bonne terre fertile ?

Vous y plantez des glaïeuls, des narcisses, des framboisiers, des lilas, des amandiers, des acacias et des pins méditerranéens. Et comme en imagination, tout est possible, au bout de cinq minutes à peine vous disposez d'un magnifique jardin, que vous saupoudrez de papillons, de colibris et de tourterelles.

Ce jardin représente votre for intérieur.

Un lieu protégé où vous pouvez méditer dans la plus grande lucidité, la plus grande sérénité. Si vous avez déjà visité un monastère, pensez au jardin du cloître, en plus paradisiaque encore.

Les tourterelles roucoulent, le ciel est pur et bleu, tout est merveilleusement tranquille, comme par une après-midi de vacances et d'été.

Mission accomplie : l'inconscient est conscient et le gouffre est comblé... Vous êtes en paix dans votre jardin secret.

Freud, et d'autres, ont voulu et voudront encore saccager ce sanctuaire, mais ils n'y parviendront jamais parce que personne n'y a accès – si ce n'est vous. Votre jardin vous appartient ; personne ne peut vous en priver, personne ne peut s'y installer sans votre autorisation explicite et consciente. Charbonnier est maître chez soi : vous êtes le maître de votre intérieur, le souverain de votre Moi.

# Comment dire adieu à son psy

Vous voyez un psychanalyste depuis plusieurs mois. Vous n'avez constaté aucun mieux, aucun progrès – ce que vous avez constaté, c'est une recrudescence de vos angoisses. Vous pensez qu'il vaut mieux que vous mettiez un terme à cette thérapie qui n'a rien de thérapeutique. Mais voilà... Il y a quelque chose – quelque chose d'indéfinissable – qui vous empêche de quitter votre psychanalyste. Quelque chose qui vous ligote à son divan, à son quasi-silence... une espèce de charme, ou de sort, ou de mauvais sort.

Comment le briser ?

Comment couper le cordon ?

Comment dire adieu à son psy ?

### Un étranger dans votre for intérieur

En vous livrant au jeu des libres associations devant votre psy, c'est-à-dire en pensant à haute voix, vous lui avez donné accès à l'intimité de votre conscience. Soit vous refusiez de jouer le jeu, soit vous le jouiez selon les règles établies par Freud. Vous avez accepté de jouer le jeu, et la conséquence, que vous n'aviez pas prévue mais qui était inévitable, c'est que vous avez fait entrer votre psy dans une zone qui, en principe, est strictement privée.

Votre conscience est votre for intérieur, et ce for est aussi un fort : vous avez fait entrer un étranger dans votre château. Vous l'avez laissé pénétrer au cœur même de vos processus mentaux. Le tableau de bord dont vous êtes le seul maître, le gouvernail dont vous êtes le seul capitaine, vous les lui avez confiés.

Dire adieu est difficile, parce que cette personne, ce psy, est devenue une partie de vous.

### Une relation asymétrique

L'inverse n'est pas vrai.

Vous n'êtes pas devenu une partie de votre psy. Vous ne l'avez pas écouté penser à haute voix pendant des heures. Vous ne savez rien de sa vie personnelle, rien de sa vie sexuelle. Vous n'avez aucun accès à ses rêves. Vous n'avez aucune influence sur ses choix. Et il ne se sent pas du tout lié à vous.

Regarder en face l'asymétrie de la relation va vous aider à vous en libérer.

## *Une relation commerciale*

Et maintenant, étonnons-nous. Lorsqu'un plombier aggrave la fuite qu'il était censé réparer, vous n'êtes pas tenté, même une minute, de lui confier encore une fois vos robinets et vos tuyaux. Alors comment se fait-il que vous soyez tenté de confier encore une fois vos états d'âme et vos pensées à un professionnel qui abîme ce qu'il est censé réparer ?

Vous allez me dire que ce n'est pas du tout la même chose – et c'est vrai, ce n'est pas du tout la même chose.

Sauf que c'est quand même un peu la même chose.

La relation qui vous unit à votre psy est commerciale. Vous lui donnez votre argent, il vous donne un peu de son temps et (en théorie) beaucoup de son aide. Vous lui achetez quelque chose, il vous vend quelque chose. Donc s'il ne remplit par sa part du contrat, c'est-à-dire s'il ne vous aide pas, vous n'avez aucune raison de continuer à remplir la vôtre, au moins que vous ne vous considériez comme son mécène – et encore, en tant que mécène, vous pourriez lui envoyer des chèques par la poste sans lui rendre visite.

Mais peut-être que vous ne voyez pas les choses ainsi... peut-être qu'à vos yeux, la relation qui vous unit à votre psy n'est pas commerciale.

Dans ce cas, je vous propose de faire un test : confrontez votre perception de la situation à la réalité en cessant de payer votre psy.

Arrêtez de payer votre psy, et voyez comment la relation évolue : si elle reste exactement la même, c'est qu'elle n'est pas commerciale. Si elle se dégrade brutalement et s'interrompt, c'est qu'elle était commerciale.

Si vous n'arrivez vraiment pas à couper le cordon, c'est un excellent moyen pour que psy le fasse à votre place.

## *Concrètement...*

Mais tout ceci ne nous dit pas comment procéder concrètement pour dire adieu à son psy...

Des analysants vous diraient : « Si tu as envie d'interrompre l'analyse, parles-en avec ton psy ! » – autrement dit : « Si tu as envie d'interrompre l'analyse, continue l'analyse ! » Mais ce n'est pas comme ça qu'il faut procéder. Vous n'avez pas à payer pour faire passer le message que vous ne voulez plus payer, ni à parler pendant des heures pour faire comprendre que vous ne voulez plus parler pendant des heures.

Alors, comment dire adieu à votre psy ?

Vous pouvez lui écrire une lettre. Vous pouvez laisser un message sur son répondeur. Vous pouvez même lui poser un lapin – mais ce n'est pas élégant.

Au fond, l'essentiel n'est pas de dire adieu.

L'essentiel est de reprendre ses cliques et ses claques et sa liberté.

L'essentiel est d'être ailleurs et de faire autre chose.

L'essentiel est de rompre cette pseudo-relation de couple où l'un s'ennuie à devenir riche et l'autre s'appauvrit à parler dans le vide.

---

### À retenir

● Un certain nombre de « grands hommes » sont en réalité de gros corrompus ou de petits pervers. Ce qui permet de comprendre un peu mieux pourquoi le monde va si mal.

● Tout se passe comme si, en élaborant la psychanalyse, Freud cherchait à généraliser ses propres vices et à salir la nature humaine. (Si *vices* vous dérange, vous pouvez remplacer par « comportements sexuels inhabituels et pulsions homicides », mais comme cette dernière expression est longuette, pour ma part je préfère à *vices*.)

---

• Après avoir fourré la conscience dans l'Inconscient, Freud prétend découvrir que tout est inconscient.

• Toute relation payante est une relation commerciale. Y mettre trop de sentiments est une erreur, comme de tomber amoureux d'une prostituée (ou d'un gigolo) dans l'exercice de ses fonctions.

## Conseils

▶ Donnez-vous le droit de chercher la vérité et d'y croire quand vous l'avez trouvée.

▶ Ne vous focalisez pas sur la psychanalyse. Cet écran de fumée ne bouche l'horizon que lorsqu'on garde le nez dessus. Prenez du recul et regardez le paysage au-delà : vous verrez qu'il est infiniment vaste.

# Aveu...

J'ai un aveu à vous faire.

Ce livre que vous venez de lire ne mérite pas à 100% son titre de "livre" car il s'intègre harmonieusement en tant que partie à un livre beaucoup plus gros, vraiment beaucoup, beaucoup plus gros, MENTALPAX.

MENTALPAX est un puissant antidépresseur naturel, un médicament efficace contre le suicide, la dépression, l'anxiété, la tristesse, et les diverses "maladies mentales" inventées par la psychiatrie.

Si vous avez été interessé par *Freud n'est pas votre ami*, vous le serez bien plus encore par MENTALPAX, que vous trouverez sous forme de livre broché sur amazon, et sous forme de ebook un peu partout : amazon, kobo, googleplay...

J'espère que vous lirez MENTALPAX, et aussi que vous mettrez un commentaire, sur amazon ou ailleurs, à *Freud n'est pas votre ami*. Les avis (positifs) que les lecteurs écrivent publiquement sur les sites sont très précieux pour l'auteur que je suis comme pour l'éditeur que je suis aussi aussi.

Votre amie,

LIBERTÉ • VÉRITÉ • CLARTÉ
*Des mots qui aident, guident, réconfortent,*
*encouragent, éclairent, élèvent ou libèrent...*
Catalogue des éditions
lucia-canovi.com

**Nos livres sont disponibles sur lucia-canovi.com**
**aux formats pdf, .mobi et epub.**
**et nos programmes audios, au format mp3**
**Si vous voulez un de nos livres sous forme brochée (en vrai livre papier),**
**vous pouvez passer commande en nous écrivant à *contact@lucia-***
***canovi.com***

**Programmes audios à base d'offirmations – ce n'est PAS une faute d'orthographe !**
Les offirmations sont des questions en « pourquoi » et en « nous » inspirées d'Émile Coué et de Noah Saint-John, questions qui permettent, quand on les écoute régulièrement, de programmer son cerveau pour atteindre n'importe quel objectif et réaliser ses rêves.

Écoutez tous les jours <u>100 % confiance en soi</u> et au bout de 30 jours, vous aurez une inébranlable confiance en vous-même.
Pour garder votre calme en toutes circonstances, écoutez tous les jours <u>Enfin calme</u>.
Pour être heureux quoi qu'il arrive, écoutez tous les jours <u>Enfin heureux</u>.
Pour apprendre l'anglais avec rapidité et facilité, écoutez tous les jours <u>Enfin bilingue</u>.
Pour apprendre l'arabe avec enthousiasme et plaisir, écoutez tous les jours <u>Enfin bilingue en arabe</u>.

**Parentalité**
*Parents heureux, enfants joyeux ! Proverbes et citations motivantes pour familles aimantes*, de Anna Fonseca

129

### Histoire
*La révolution française : une conspiration ?*, d'Augustin Barruel

### Études/Art d'écrire
*7 secrets pour réussir brillamment ses études sans le moindre stress !*, de Lucia Canovi.
*Écrire une scène d'action en s'inspirant d'un grand romancier*, de Lucia Canovi

### Psychanalyse
*Freud tueur en série : vrais meurtres et théorie erronée*, d'Eric Miller
*Secrets et dangers de la psychanalyse : Freud n'est pas votre ami*, de Lucia Canovi

### Science
*La terre ne bouge pas*, de Gustave Plaisant
*La terre est immobile : preuve que la terre ne tourne ni autour de son axe, ni autour du soleil*, Carl Schoepffer

### Féminisme et sexisme
*Sept mensonges du féminisme*, de Lucia Canovi
*Sept mensonges du sexisme*, de Lucia Canovi

### Religion/spiritualité
*Eckhart Tolle et l'idiocratie : découvrez la doctrine et les effets d'un grand maître spirituel,"*de Lucia Canovi
*L'Islam au-delà des apparences*, de Lucia Canovi
*Pourquoi j'ai embrassé l'Islam*, d'Anselme Turmeda

### Essais/Actualité
*Réfléchissez ! Racisme, antisémitisme, quenelle et autres sujets sensibles*, de Lucia Canovi
*Conversations avec l'ennemi de Dieu : le mal au XXIe siècle*,

de Lucia Canovi

*Le Lait du Mensonge : Fragments d'une parole sincère,* de Lucia Canovi

*Êtes-vous Charlie ?,* de Lucia Canovi

*Le piroptimisme : faut-il soigner le mal par le mal ?,* de Lucia Canovi

**Roman**

*Un baron en caravane,* de Elisabeth Von Arnim

*Amour et mensonges sous le ciel d'Italie,* de Jean Webster

*Horace,* de George Sand

*Les dames vertes,* de George Sand

*Nanon,* de George Sand

*Cecilia,* de Fanny Burney (12 volumes)

**Développement personnel/Psychologie**

*Marre de la vie ? Tuez la dépression avant qu'elle ne vous tue !,* de Lucia Canovi

*Le trésor : découvrez la méthode la plus simple de vous faire des alliés et de réaliser vos rêves,* de Lucia Canovi

*La clé du bonheur : 365 affirmations\* pour surmonter dépression, découragement, déprime et être heureux en toutes circonstances* [Ce n'est PAS une faute d'orthographe], de Lucia Canovi

*La Clé du Calme : 365 affirmations\* pour triompher de l'anxiété, du stress, de la colère et trouver la sérénité* [Ce n'est PAS une faute d'orthographe], de Lucia Canovi

*La Clé de la Richesse : 365 affirmations\* à se poser pour s'enrichir malgré la crise* [Ce n'est PAS une faute d'orthographe], de Lucia Canovi

*Le petit livre de la paix intérieure : Proverbes anti-stress et citations calmantes,* de Lucia Canovi

*Le petit livre qui fortifie : Proverbes réconfortants et citations motivantes,* de Lucia Canovi

*Aller mal quand tout va bien : La dépression dédramatisée,* de Lucia Canovi

*La dépression est-elle une vraie maladie ? 9 idées fausses sur la tristesse et le mal-être*, de Lucia Canovi

*Et si la dépression avait un sens ?*, de Lucia Canovi

*Les vraies causes de la dépression*, de Lucia Canovi

*Libérez-vous de l'alcool et de la cigarette : Comprendre le joug pour le briser*, de Lucia Canovi

*Vivez jusqu'au bout ! Suicide, mode de non-emploi*, de Lucia Canovi

*Vous n'êtes pas fou ! Les maladies mentales démystifiées*, de Lucia Canovi

*Antidépresseurs, mensonges et conséquences*, de Lucia Canovi

*Torture ou thérapie ? La vérité sur les électrochocs*, de Lucia Canovi

*Enfin heureux ! Cinq thérapies gratuites et efficaces pour retrouver le sourire*, de Lucia Canovi

*La dépression sans nom*, de Lucia Canovi

*OrdiZen : La méthode de rangement qui permet de savoir exactement où est quoi dans son ordinateur... et de le retrouver rapidement !*, de Lucia Canovi

# À propos de Lucia Canovi

Lucia Canovi est auteur, éditeur et iconoclaste. Sa vie comporte trois actes très différents.

Premier Acte : Adeline Aragon gagne six prix littéraires, réussit ses études de lettres modernes et obtient du premier coup l'agrégation, concours réputé pour sa difficulté. Après ces brillantes études, désorientée, elle se tourne vers l'enseignement moins par choix que par impossibilité de changer en gagne-pain l'écriture, sa vocation de toujours. Pendant ce premier acte, elle est athée, cartésienne et militante féministe (Voir son livre *Sept mensonges du féminisme*).

Deuxième Acte : profondément insatisfaite de sa vie même si elle a « tout », à 27 ans elle se lance dans l'astrologie, le tarot et le russe, se teint les cheveux en rouge vif, quitte sa Toulouse natale pour Paris, et troque son rationalisme contre un mysticisme échevelé qui la mène à l'hôpital psychiatrique pour deux semaines. Loin de lui apporter le bonheur, cette route tortueuse se révèle de moins en moins carrossable. Pendant ce second acte, elle fume, boit, construit des châteaux en Espagne (voir son livre *Libérez-vous de l'alcool et de la cigarette : comprendre le joug pour le briser*), continue à écrire sans convaincre aucun éditeur de son génie, et adopte toutes les croyances du Nouvel Âge, dont la réincarnation. Elle est alors une disciple enthousiaste d'Eckhart Tolle (Voir son livre *Eckhart Tolle et l'idiocratie : doctrine et effets d'un « grand maître spirituel »*).

Troisième Acte : arrivée au bout de ses ressources financières, sans ami et sans amour, pour la première fois de sa vie elle se tourne vers Dieu pour Lui demander Son aide. Une semaine après, elle rencontre l'homme de sa vie qui lui propose immédiatement le mariage et l'Islam. Le coup de foudre étant réciproque, elle accepte le mariage. Quelques mois et d'innombrables lectures plus tard, dont *Le Mensonge de l'évolution* d'Harun Yayha, pour son plus grand bonheur elle se convertit à l'Islam.

Encouragée par son mari, elle se remet à l'écriture sous le nom de plume de Lucia Canovi avec un enthousiasme renouvelé et un but bien précis : aider les personnes qui souffrent comme elle a souffert. Son grand livre *Mentalpax : antidépresseur naturel sous forme de livre préconisé dans le traitement de l'anxiété, des idées noires, de la dépression et des autres diagnostics (*publié dans une première version sous le titre *Marre de la vie ?)* est le fruit de huit années de recherches ; les lecteurs l'adorent.

Par la suite, elle écrit sur toutes sortes de sujets, avec un intérêt particulier pour la logique, le développement personnel (voir en particulier son livre *Le trésor : découvrez la méthode la plus simple de vous faire des alliés et de réaliser vos rêves*), la religion (voir son livre *L'Islam au-delà des apparences*) et le mal sous toutes ses formes (voir son livre *Conversations avec l'ennemi de Dieu : le mal au XXIe siècle*).

En 2015, prenant conscience qu'il ne sert à rien d'attendre l'éditeur charmant, Lucia Canovi se décide à créer sa propre maison d'édition par internet, **lucia-canovi.com,** ce qui lui donne l'opportunité de publier *Freud tueur en série : vrais meurtres et théorie erronée*, chef-d'oeuvre d'investigation où Eric Miller prouve par A+B que Freud a sauvagement assassiné son neveu John, ainsi que quelques-uns de ses amis et quelques unes de ses patientes.

Lucia Canovi prend un plaisir subversif à mettre en pièces les mensonges les mieux établis, démolissant en priorité les impostures qui, en raison de leur ancienneté ou de leur succès quasi universel, semblent infiniment plus vénérables que les vérités ridiculisées qu'elles prétendent remplacer. D'où ce nom d'*iconoclaste.*

Elle est aussi l'inventrice des *offirmations*, et ce n'est pas une faute d'orthographe.

Aujourd'hui, Lucia Canovi vit tranquillement en Algérie avec son mari et ses deux enfants, et s'emploie à offrir le meilleur à ses lecteurs de plus en plus nombreux. Ses livres sont traduits en anglais, espagnol, allemand, italien, portugais, japonais, russe et néerlandais. Vous pouvez lui écrire à **lucia@lucia-canovi.com.**

# Quittez les chemins battus !

"Clair, élégant, documenté... ce livre est vraiment un trésor !"

"J'ai trouvé une pépite..."

Mi-newsletter, mi-coaching existentiel, la lettre bleue vous aide à quitter les chemins battus et trouver le (vrai) bonheur... une citation à la fois.

Vous voulez quitter l'autoroute où tout le monde s'entasse pour trouver le (vrai) bonheur ?

Inscrivez-vous gratuitement à la lettre bleue. La lettre bleue, c'est une goutte de sagesse, de courage et d'anticonformisme tous les matins, sous la forme d'une citation commentée. Inscrivez-vous maintenant, et récupérez du même coup les 20 premières pages du *Trésor*.

**C'est ici : http://lucia-canovi.com**

# Table des matières